¿Comprar el Dip?

Invertir en finanzas descentralizadas y operar con criptodivisas, 2022-2023 - ¿alcista o bajista? (Estrategias inteligentes y rentables para principiantes)

Bit Bros Media

Descargo de responsabilidad

Copyright 2021 by Bit Bros Media - Todos los derechos reservados

Este documento pretende proporcionar información exacta y fiable en relación con el tema y la cuestión tratados. La publicación se vende con la idea de que el editor no está obligado a prestar servicios contables, oficialmente permitidos o de otro tipo, calificados. En caso de que sea necesario un asesoramiento, legal o profesional, se debe pedir a una persona con experiencia en la profesión - de una Declaración de Principios que fue aceptada y aprobada igualmente por un Comité de la Asociación de Abogados de Estados Unidos y un Comité de los Editores y Asociaciones.

En ningún caso es legal la reproducción, duplicación o transmisión de cualquier parte de este documento, ya sea por medios electrónicos o en formato impreso. La grabación de esta publicación está estrictamente prohibida y no se permite el almacenamiento de este documento a menos que se cuente con la autorización por escrito del editor. Todos los derechos reservados.

La presentación de la información es sin contrato ni ningún tipo de garantía. Las marcas comerciales que se utilizan son sin ningún tipo de consentimiento, y la publicación de la marca comercial es sin el permiso o el respaldo del propietario de la marca. Todas las marcas comerciales y marcas dentro de este libro son sólo para fines de aclaración y son propiedad de los propios propietarios, no afiliados a este documento. No fomentamos ningún tipo de abuso de sustancias y no nos hacemos responsables de la participación en actividades ilegales.

Las acciones, los bonos, las criptomonedas, todo baja: ¿ahora qué?

Para los inversores, ha sido un mal año hasta ahora. Tanto en acciones, como en bonos y criptomonedas has perdido mucho dinero este año y con el dinero en el banco también pierdes, porque la tasa de inflación en abril fue de casi el 10 por ciento. ¿Dónde puedes ir todavía con tu dinero si quieres ganar algo de dinero?

Durante años, los bajos tipos de interés fueron el mejor amigo de los inversores. Como los ahorros bancarios apenas rendían nada debido a los bajos tipos de interés, se destinó mucho más dinero a la renta variable. Y eso hizo que los precios subieran considerablemente, lo que a su vez aportó mucha rentabilidad a los inversores.

Por ejemplo, el año pasado se ganó un 28% con el índice AEX, el principal índice de la bolsa de Amsterdam. Pero este año el índice AEX ya ha caído cerca del 15 por ciento. Sólo cuatro de los 25 fondos AEX tienen beneficios.

¿Los bonos entonces? Si los tipos de interés bajan, como lo han hecho en los últimos años, eso será bueno para los precios de los bonos. Habrá mucha demanda de bonos existentes, porque su interés suele ser más alto que el tipo de mercado. Si éste vuelve a subir, esa ventaja desaparecerá. Y los precios de los bonos caerán. En los bonos del Estado holandés, ya se ha perdido un 10% este año.

Miedo a la subida de los tipos de interés

La razón por la que las acciones y los bonos van mal es que los inversores temen que la elevada inflación actual en la eurozona y en Estados Unidos lleve a los bancos centrales a subir los tipos de interés. Tradicionalmente, los bancos centrales tratan de combatir una inflación demasiado elevada con tipos de interés más altos.

Estados Unidos ya ha empezado a hacerlo y los analistas creen que los tipos de interés seguirán subiendo allí. Christine Lagarde, directora general del BCE (Banco Central Europeo), ha dicho que en julio se empezará a subir los tipos de interés oficiales.

¿Criptomonedas entonces?

Tampoco hay nada que ganar con las criptomonedas este año. El precio del bitcoin, la criptomoneda más importante con diferencia, es ahora un 40% más bajo que a principios de año.

El bitcoin se vendió como el oro digital, pero con el bitcoin no se obtienen compensaciones como intereses o una participación en los beneficios, dice Stan Westerterp, propietario de Bond Capital Partners. "Con la subida de los tipos de interés, el bitcoin es cada vez menos atractivo".

¿En efectivo?

¿Deberías haber dejado tu dinero en el banco entonces? Mwah, el tipo de interés es cero, y si tienes más de una tonelada en el banco incluso pagas un 0,5%

de interés. Peor aún, tu dinero valdrá menos de todos modos debido a la inflación.

Según nuestro propio CBS (Central Bureau of Statistics), un euro valía en abril un 9,6% menos que un año antes.

El oro y los hogares

Sin embargo, hay categorías de inversión en las que los precios sí subieron. En abril, por ejemplo, las viviendas eran de media un 13,7% más caras que un año antes. Pero comprar una casa como inversión no es para todos.

El precio del oro también subió, casi un 1%. Tras la invasión rusa de Ucrania, el oro fue visto como un refugio en estos tiempos de incertidumbre. Y los inversores también suelen apostar por el oro cuando la inflación aumenta.

Acciones energéticas

Entonces, ¿no queda nada en lo que se pueda invertir? La única inversión que lo está haciendo bien en este momento es la renta variable energética, dice Jacob Schoenmaker. En el AEX, por ejemplo, Shell es, con diferencia, la que más ha subido este año, con una ganancia de más del 37%.

"Pero no hay que poner todo el dinero en empresas energéticas, porque si el sentimiento cambia, esos precios probablemente volverán a caer".

O las aseguradoras

En opinión de Schoenmaker, es posible que los bancos y las aseguradoras sigan beneficiándose de la subida de los tipos de interés. Para ellos, a diferencia de la renta variable en general, los tipos de interés más altos son realmente beneficiosos. Pero si los precios de las acciones caen, las aseguradoras en particular sufrirán, dice Schoenmaker.

Sin embargo, es importante repartir las inversiones, advierte Schoenmaker. No ponga todos los huevos en la misma cesta. Eso significa que no puede evitar poner parte de su dinero en inversiones que actualmente están siendo muy afectadas.

Índice de contenidos

El mercado a principios de 2022

Cada vez son más los empresarios independientes que toman la decisión de invertir en criptodivisas y acciones. Por ejemplo, desde el comienzo de la pandemia, el precio del bitcoin ha sido más que interesante para las personas que quieren dar un salto en la parte profunda del mundo de las criptomonedas.

Las inversiones en otras criptomonedas también están aumentando. Piensa en el XRP de ripple o el Ether de Ethereum. Tú también estás pensando en empezar con el dinero digital como empresario autónomo? En este artículo puedes leer más sobre lo que debes saber para invertir en criptodivisas en 2022.

Conozca cómo funcionan las criptomonedas antes de empezar a invertir
En primer lugar, es bueno saber cómo funciona el cripto antes de gastar dinero en él. Una investigación reciente realizada por Radar muestra que la mayoría de los propietarios de cripto no tienen ni idea de cómo funciona exactamente el cripto. El hecho es que hay diferentes tipos de monedas virtuales en las que se puede invertir. La más conocida es el bitcoin, que es también la primera criptomoneda. En 2009, el fundador Satoshi Nakamoto envió la primera transacción con bitcoin. Un año después, en 2010, tuvo lugar la primera transacción comercial. Se compraron dos pizzas por 10.000 bitcoins.

Sabiendo que un bitcoin vale más de 34.000 dólares en el momento de escribir este artículo, no se puede imaginar. Con el paso de los años, el bitcoin se ha vuelto increíblemente valioso. Cada vez más personas han comenzado a invertir en él y la cadena de bloques, en la que opera la moneda, se ha vuelto cada vez más fuerte y segura. Además del bitcoin, hay otras criptomonedas en las que puedes invertir. Por ejemplo, el XRP en el tipo de cambio ripple o el Ether o el tipo de cambio Ethereum. Estas altcoins valen algo menos que el bitcoin, pero desde luego no son menos interesantes. Así que mira con atención qué monedas encajan en tu cartera.

¿Va a invertir en criptomonedas para su negocio o para su uso privado?

Una vez que hayas profundizado un poco en los entresijos de las criptodivisas, es bueno que analices cómo vas a invertir en una o varias monedas. Al fin y al cabo, como empresario, puedes apostar tanto en el ámbito empresarial como en el privado. Debe saber que cuando decida entrar en la criptodivisa con fines empresariales, cualquier beneficio o pérdida se incluirá en el beneficio total de su empresa. Por lo tanto, al hacerlo, su posesión en cripto se considera como la posesión de su negocio. Por lo tanto, siempre debe informar de los resultados de su inversión en, por ejemplo, el tipo de cambio del bitcoin en la cuenta de pérdidas y ganancias.

Por supuesto, esto afecta a su administración como autónomo. Por lo tanto, siempre se recomienda contratar a un contable cuando se quiera invertir en cripto con fines empresariales. Dado que la inversión empresarial es vista por muchos empresarios como una especie de carga, a menudo optan por invertir el dinero de forma privada. En ese caso, no tienes que incluir ninguna pérdida o beneficio en tu volumen de negocios y ganancias totales. Lo que sí hay que tener en cuenta es el fisco. Las inversiones realizadas de forma privada siempre tributan en la casilla 3 con un impuesto sobre las plusvalías del 0,6% al 1,6%. Por tanto, debe determinar usted mismo, o consultar con su contable, qué forma de invertir le conviene más.

¿Afecta la situación en Rusia y Ucrania a las criptomonedas?

Hasta ahora, 2022 ha sido un año lleno de acontecimientos, al igual que 2021 y 2020. No es de extrañar si usted, como empresario, se pregunta si debe invertir en absoluto en la tasa de bitcoin, la tasa de ripple o cualquier otra tasa. Los últimos años han sido muy halagüeños para las distintas criptodivisas. Corona jugó un gran papel en la repentina subida de los precios: primero, los grandes inversores, las empresas y los empresarios comenzaron a invertir en cripto cuando la economía se derrumbó. Como resultado, los precios subieron repentinamente, lo que a su vez atrajo el interés de la gente "corriente" y de los autónomos. Lo has adivinado: ellos también decidieron empezar a invertir en cripto en masa.

Así que la crisis de la corona hizo mucho bien a las criptomonedas. Ahora que esta crisis parece estar llegando a su fin, la siguiente ya está en el horizonte: la posible guerra en Ucrania. Si actualmente posees criptomonedas, lo más probable es que ya hayas visto caer un poco los precios en las últimas semanas. Los expertos esperan que el precio del bitcoin caiga aún más en caso de una guerra real. Los precios de otras monedas alternativas también se han visto afectados en las últimas dos semanas. ¿Significa esto que no se debe invertir en criptografía? Por supuesto que no. Como de costumbre, sólo se debe invertir con el dinero que se pueda disponer. Entonces el precio del bitcoin o del ripple es una aventura increíblemente divertida y emocionante de seguir.

¿Qué es Bitcointrading?

En pocas palabras, el Bitcointrading consiste en intercambiar dinero fiduciario por esta criptomoneda. Las plataformas digitales como Bitcoins Era permiten comprar Bitcoin con dinero convencional y venderlo después. Esto permite investigar y predecir el precio del Bitcoin para determinar cuándo comprarlo o venderlo para obtener beneficios. Puede registrarse en esta plataforma para comenzar a operar con Bitcoin.

Las empresas financieras disponen de productos de inversión basados en Bitcoin, incluidos los contratos por diferencia, además de las criptobolsas. Estos productos le permiten comerciar con Bitcoin sin poseerlo directamente. En general, el comercio de Bitcoin es una actividad en desarrollo que la gente está practicando para obtener beneficios. He aquí por qué debería empezar a operar con Bitcoin este año también.

Valoración del Bitcoin

La mayoría de los factores que afectan al valor del dinero fiduciario, como la deuda pública, los tipos de interés y la inestabilidad política, no afectan al precio del Bitcoin. Mientras que esta criptomoneda fluctúa rápidamente, su valor aumenta gradualmente. Además, la demanda de Bitcoin es alta debido a su creciente aceptación y aplicación. Además, la tecnología blockchain regula la oferta de Bitcoin, no los gobiernos ni los bancos centrales.

Hoy en día, los mineros están produciendo nuevos tokens, y la gente está comerciando con estas criptomonedas para obtener beneficios. Algunos inversores han conseguido más del 100% de rentabilidad en sus inversiones en Bitcoin. Además, Bitcoin alcanzó un valor récord de más de 60.000 dólares por token. Estos detalles deberían animarle a empezar a comerciar con esta moneda virtual hoy mismo.

Algunos economistas han predicho que el valor de Bitcoin acabará alcanzando la marca del millón de dólares. Esto se debe a que países como El Salvador han convertido al Bitcoin en una moneda de curso legal y a que cada vez más empresas lo aceptan como medio de pago.

Algunos tienen miedo de Bitcoin porque los bancos y los gobiernos podrían controlar su valor, pero otros se están sumando. Y a medida que más bancos centrales compren Bitcoin como moneda de reserva, su valor se disparará, haciendo más ricos a los propietarios de Bitcoin.

Bitcoin es seguro.

Bitcoin utiliza la tecnología blockchain para asegurar las transacciones. Puede empezar a comerciar con esta moneda virtual hoy mismo, ya que utiliza una red peer-to-peer para permitir intercambios anónimos. Lo ideal es que no revele ninguna información personal cuando venda servicios y artículos o pague con Bitcoin.

La transacción no revela su identidad real cuando vende o compra Bitcoin. Además, las transacciones con Bitcoin son más baratas y casi instantáneas. Nadie ajeno a la operación tiene acceso a detalles como las partes implicadas y los importes. Además, la cadena de bloques de Bitcoin impide la falsificación de criptomonedas y el doble gasto...

¿Luna (Terra) ha sido cerrada?

Nuevamente hay algunos desarrollos importantes que reportar con respecto a Terra (LUNA), la criptodivisa que ha colapsado completamente. Por ejemplo, algunos intercambios han retirado la altcoin de su plataforma y la red se ha detenido.

Terra se desentiende de la cadena de bloques

A primera hora de esta mañana se ha informado de que Terra ha congelado su blockchain. Es la segunda vez que esto ocurre en el último día. Los validadores de la red desconectaron el blockchain en el nivel de bloque 7.607.789 con el objetivo de desarrollar un plan sobre cómo proceder.

Como resultado, ya no se puede enviar criptografía a través de la red. No está claro durante cuánto tiempo será así. Sin embargo, es un escenario molesto para las personas que actualmente todavía tienen LUNA. Al fin y al cabo, no tienen forma de seguir adelante.

La plataforma de comercio de criptomonedas pone en pausa el comercio de LUNA

La plataforma de comercio holandesa Bitvavo ha decidido poner en pausa el comercio de LUNA. Debido a que la red está completamente caída, hay poca liquidez. También significa que los usuarios no pueden actualmente retirar LUNA de su cuenta de Bitvavo.

Sin embargo, el exchange está preparando un plan de compensación ya que la situación actual hace que los usuarios con LUNA en su cuenta puedan tener una "exposición no deseada" a la criptomoneda. La compensación consiste en lo siguiente:

"Los usuarios recibirán el valor en euros de su LUNA en el momento en que la operación LUNA-EUR fue pausada 13-05-2022 8:20 AM (CET). Estas cantidades se añadirán automáticamente a la cuenta del usuario más tarde hoy (mientras el usuario mantenga su LUNA) y serán visibles en el historial de transacciones."

Por lo tanto, los usuarios conservan su LUNA y pueden retirarla una vez que la cadena de bloques vuelva a funcionar. Pero, como se ha mencionado, no está claro cuándo será esto y si ocurrirá en absoluto.

Binance elimina completamente LUNA
La bolsa de criptomonedas Binance va a dar un paso más y eliminará los pares de negociación LUNA y UST de su plataforma de negociación. La bolsa lo ha anunciado a primera hora de la mañana.

T a verdad sobre Terra

El precio de terra (LUNA) ha caído la friolera de un 99% en los últimos días hasta los 0,05 dólares, su precio más bajo desde finales de 2020. LUNA seguía en el quinto puesto en términos de criptodivisas más grandes la semana pasada, pero está cayendo a la posición 128 en el momento de escribir este artículo. La stablecoin UST que provocó esta situación está actualmente un 60% por debajo de su valor.

Aun así, los creadores de Terra no quieren darse por vencidos y están ideando un plan de rescate tanto para LUNA como para UST. El fundador de Terra, Do Kwon, director general de Terraform Labs, desveló ayer la primera medida.

Con la propuesta comunitaria 1164, el equipo quiere ahorrar UST aumentando el fondo común. La cantidad de UST que se puede canjear por LUNA se cuadruplicará entonces. Esto garantizará que los propietarios de UST puedan seguir cobrando, pero también ejercerá aún más presión sobre el precio de LUNA. La propuesta ha recibido el 62,6% de los votos a favor.

Nuevas medidas para LUNA y UST
Recientemente, Terraform Labs reveló aún más medidas para salvar esta criptografía. En primer lugar, el equipo quiere destruir los tokens UST restantes en el fondo comunitario de Terra. Esto supondrá la destrucción de la friolera de 1.000 millones de UST en esta quema de tokens. Normalmente este pozo tendría

un valor de 1.000 millones de dólares, pero en el momento de escribir este artículo sólo tiene 400 millones.

Además, el equipo va a recuperar 371 millones de UST almacenados (envueltos) en Ethereum (ETH) de vuelta a Terra para su posterior destrucción también. Esto significa que se destruirá un total de casi 1.400 millones de UST, alrededor del 11% del suministro total.

Finalmente, TerraForm Labs va a inmovilizar 240 millones de tokens LUNA para proteger la red Terra. Dado que el tipo de cambio se ha desplomado tanto, aumentan las posibilidades de que alguien pueda comprar una gran cantidad de LUNA para llevar a cabo el llamado ataque del 51%. Esta persona podría entonces tomar temporalmente el control de la red, pero el atado de LUNA debería impedirlo.

Hay una respuesta muy escéptica a las propuestas, pero entonces el miedo está bien establecido. De hecho, el pánico es tan grande que otras stablecoins se están volviendo ligeramente inestables. Por ejemplo, la gente está vendiendo USDT a cambio de USDC.

¿La SEC está investigando a Terra?

No es inconcebible que la Comisión de Valores de Estados Unidos (SEC) no esté contenta con la saga que rodea a Terra (LUNA) y la stablecoin UST. De hecho, dos antiguos abogados de la SEC han informado a The Block Research de que lo más probable es que la SEC ya haya iniciado una investigación sobre Terraform Labs mientras tanto.

La SEC investiga a LUNA

Philip Moutakis, antiguo abogado de la agencia reguladora estadounidense, ha revelado hoy que supone que la SEC ya ha iniciado una investigación sobre Terraform Labs. Según él, es evidente que la SEC no ha estado ociosa en los últimos días, sobre todo porque ya ha iniciado una investigación sobre Mirror Protocol.

El fundador de Terraform Labs, Do Kwon, fue también el responsable de este Protocolo Espejo.

"La SEC ya está sobre el terreno, están investigando el Protocolo Espejo", dijo Kwon.

Sin embargo, un portavoz de la SEC se negó a comentar una posible investigación sobre Terraform Labs y UST. Según él, la SEC no puede decir si hay una investigación en curso, pero tampoco puede decir que no la haya. No está claro, en otras palabras.

Regulación de Stablecoin

Las stablecoins han sido durante mucho tiempo una espina en el costado de los reguladores de todo el mundo y la SEC no es diferente. El año pasado, el presidente de la SEC, Gary Gensler, llamó a las stablecoins "fichas de póquer". Hace tiempo que se está trabajando en un marco regulatorio para las stablecoins y quizás la desaparición de UST acelere el proceso.

Do Kwon, el 21 de abril de este año, comentó el hecho de que, según la SEC, las stablecoins podrían considerarse valores. Según él, esta noción es un completo disparate. Philip Moutakis, sin embargo, sostiene que no es tan sencillo:

"Incluso si se cuestiona si la UST es un valor", continuó Moustakis, "aunque la stablecoin, tal y como está diseñada, pueda haber escapado a la aplicación de las leyes federales de valores, las transacciones posteriores pueden hacer que la stablecoin vuelva a estar bajo la jurisdicción de la SEC".

¿Problemas con Stablecoin?

Los últimos días han estado dominados por el colapso completo de Terra (LUNA) y su stablecoin asociado UST. UST perdió la vinculación con el dólar estadounidense y, como resultado, el precio de LUNA se desplomó en más de un 99%. Inmediatamente, la gente comenzó a preocuparse por otras stablecoins. Para sorpresa de muchos criptoinversores, el valor de Tether (USDT) también estaba hoy por debajo de 1 dólar.

Atadura por debajo de 1 dólar
El colapso de LUNA y UST tuvo un gran impacto en el mercado de criptomonedas. Ayer fue un día rojo fuego y la mayoría de las criptodivisas cayeron dos dígitos. Incluso el bitcoin (BTC) no logró mantenerse y cayó por debajo de los 29.000 dólares. Una debacle similar para la mayor stablecoin con diferencia, Tether, podría echar bastante aceite al fuego.

En el momento de escribir este artículo, Tether está cotizando en la mayoría de los principales intercambios, como Binance, por menos de 1 $. Aunque los criptoinversores obviamente no están esperando esto después de ayer, es demasiado pronto para decir que algo está realmente pasando. De hecho, Tether se está negociando ahora por alrededor de 0,98 dólares, con un fondo de 0,956 dólares en FTX. Eso no es un dólar, por supuesto, pero todavía no se puede decir que Tether haya perdido sustancialmente la vinculación con el dólar estadounidense.

"Todo se desarrolla con normalidad"
El CTO de Tether, Paolo Ardoino, reveló en Twitter la razón del valor actual de Tether. Según él, no pasa nada y Tether simplemente está procesando "reembolsos de USDT". Así que si hemos de creer a Ardoino, el pánico que rodea a Tether no es más que miedo, incertidumbre y duda (FUD).

Ardoino también informó a The Block Research de que en estos momentos no hay nada que deba preocupar a los inversores:

"Tether sigue procesando los reembolsos con normalidad en medio de un cierto pánico esperado en el mercado tras la jornada de ayer. A pesar de esto, Tether no ha rechazado ni rechazará los reembolsos a sus clientes verificados, lo que siempre ha sido su práctica. Sólo en las últimas 24 horas, Tether ha honrado más de 300 millones de canjes de USDt y ya está procesando otros 1.000 millones en lo que va de día sin ningún problema."

¿Establecoins contra la UE?

Si se observa lo que hay en el mundo de las criptodivisas en términos de stablecoins, no es mucho. Aparte de algunas stablecoins que copian el valor de, por ejemplo, el oro o la plata, casi sólo hay stablecoins sobre el dólar estadounidense. Si estás leyendo esto, probablemente prefieras usar el euro, pero es difícil conseguir stablecoins en dólares. La Comisión Europea da ahora la impresión de que esto continuará.

La respuesta es NO a las stablecoins de grandes dólares

Esto es lo que escribe CoinDesk, que afirma haber visto un informe sobre la regulación de las stablecoins. La investigación procede de la Comisión Europea, pero aún no se ha publicado. Se trata de un llamado "non-paper", que no representa la posición oficial de la comisión. Con ello, presumiblemente, trata de promover el debate, que debería dar lugar a una mejor regulación. CoinDesk ha hablado con dos personas que han confirmado el contenido del informe.

Las euroblecoins, que no proceden del Banco Central Europeo (BCE), no se van a prohibir directamente, según CoinDesk. En cambio, la comisión pretende limitar a los emisores de stablecoins a un máximo de un millón de transacciones al día. El criptoperiódico implica que el valor de mercado no debería superar además los 200 millones de euros.

El motivo de la decisión

Por supuesto, el informe podría tener como objetivo no sólo estimular los debates. También podría ser que el comité esté indicando con esto que no quiere grandes stablecoins. Parece que los EE.UU. sí permiten estas stablecoins por el momento. Actualmente, Tether (USDT) sigue siendo la mayor stablecoin con un valor de mercado de unos 82.000 millones de dólares. Eso es mucho más que el límite teórico de 200 millones de euros.

Una variante de dólares tan grande significaría perder la cara para el BCE. El BCE, por supuesto, emite los dólares y quiere tener el control de los mismos. Incluso si una stablecoin tiene garantías con la misma cantidad de euros, esto podría reducir la influencia del BCE.

Europa está planeando implementar pronto la regulación de los "Mercados de Criptoactivos" (MiCA). El fiasco con TerraUSD (UST) y terra (LUNA) podría añadir presión a este proceso. El fiasco indica por qué algunos reguladores quieren regular las stablecoins. También hay debates en curso sobre la regulación de los servicios basados en criptomonedas como productos bancarios.

Dogecoin o Ethereum, ¿qué está pasando?

Según una encuesta reciente de TRG Datacenters, Ethereum (ETH) es la criptomoneda "más odiada" en Twitter. Dogecoin (DOGE), en cambio, es la criptodivisa que más gusta en la plataforma de redes sociales.

TRG Datacenters analizó las publicaciones de Twitter entre enero de 2021 y enero de 2022 para averiguar qué criptografía suscitó las respuestas más emocionales. Sin embargo, el estudio solo tuvo en cuenta cinco criptomonedas: bitcoin (BTC), ethereum (ETH), litecoin (LTC), cardano (ADA) y dogecoin (DOGE).

Ethereum, la criptomoneda más odiada
Los resultados de la investigación muestran que Ethereum recibió relativamente la mayor cantidad de Tweets negativos el año pasado, concretamente el 29% del total. Ethereum es especialmente criticado por su velocidad (en comparación con los nuevos "asesinos de Ethereum") y por los elevados costes de las transacciones.

Un aumento de la negatividad hacia Ethereum suele ir acompañado de un aumento de su precio. Según el estudio, esto significa que algunas personas no quieren que Ethereum sea un éxito. Además, un hard fork involuntario el año pasado provocó un aumento del sentimiento negativo.

El bitcoin le siguió de cerca con el sentimiento más negativo, representando el 27% de todos los tweets. El bitcoin sigue siendo, con diferencia, la criptomoneda más comentada en Twitter. Le sigue cardano, con un 16% de tuits negativos, y litecoin, con un 8%.

Dogecoin, la criptomoneda que más gusta

Dogecoin recibió sólo un 6% de informes negativos, lo que la convierte en la criptografía que más gusta, aunque esto es algo curioso. Después de todo, DOGE es una criptografía controvertida que en su día se originó como una broma. A gran parte de la comunidad de criptomonedas no le hizo ninguna gracia que el CEO de Tesla, Elon Musk, tuiteara principalmente sobre esta cripto.

Según el estudio, las publicaciones de Musk pueden ser precisamente la razón por la que la dogecoin es una de las favoritas en la plataforma de medios sociales. Musk, por su parte, quiere adquirir Twitter por la friolera de 44.000 millones de dólares. El punto álgido del sentimiento positivo respecto a dogecoin se alcanzó cuando Musk anunció que Tesla está aceptando DOGE como mercancía.

Sin embargo, debemos tomar esta encuesta con un gran grano de sal, ya que sólo examinó cinco criptomonedas. Es muy probable que otras criptomonedas más controvertidas, como el ripple (XRP), también reciban una gran cantidad de opiniones negativas. Según la nueva encuesta, terra (LUNA) probablemente ocupe el primer puesto como la criptografía más odiada.

¿Por qué está cayendo el USDT?

Los últimos días han estado dominados por el colapso completo de Terra (LUNA) y su stablecoin asociado UST. UST perdió la vinculación con el dólar estadounidense y, como resultado, el precio de LUNA se desplomó en más de un 99%. Inmediatamente, la gente comenzó a preocuparse por otras stablecoins. Para sorpresa de muchos criptoinversores, el valor de Tether (USDT) también estaba hoy por debajo de 1 dólar.

Atadura por debajo de 1 dólar
El colapso de LUNA y UST tuvo un gran impacto en el mercado de criptomonedas. Ayer fue un día rojo fuego y la mayoría de las criptodivisas cayeron dos dígitos. Incluso el bitcoin (BTC) no logró mantenerse y cayó por debajo de los 29.000 dólares. Una debacle similar para la mayor stablecoin con diferencia, Tether, podría echar bastante aceite al fuego.

En el momento de escribir este artículo, Tether está cotizando en la mayoría de los principales intercambios, como Binance, por menos de 1$. Aunque los criptoinversores obviamente no están esperando esto después de ayer, es demasiado pronto para decir que algo está pasando realmente. De hecho, Tether se está negociando ahora por alrededor de 0,98 dólares, con un fondo de 0,956 dólares en FTX. Eso no es 1 dólar, por supuesto, pero todavía no se puede decir que Tether haya perdido sustancialmente la vinculación con el dólar estadounidense.

"Todo se desarrolla con normalidad"
El CTO de Tether, Paolo Ardoino, reveló en Twitter la razón del valor actual de Tether. Según él, no pasa nada y Tether simplemente está procesando "reembolsos de USDT". Así que si hemos de creer a Ardoino, el pánico que rodea a Tether no es más que miedo, incertidumbre y duda (FUD).

Ardoino también informó a The Block Research de que en estos momentos no hay nada que deba preocupar a los inversores:

"Tether sigue procesando los reembolsos con normalidad en medio de un cierto pánico esperado en el mercado tras la jornada de ayer. A pesar de esto, Tether no ha rechazado ni rechazará los reembolsos a sus clientes verificados, lo que siempre ha sido su práctica. Sólo en las últimas 24 horas, Tether ha honrado más de 300 millones de canjes de USDt y ya está procesando otros mil millones en lo que va de día sin ningún problema."

Todo el mercado de criptomonedas está bajando

El mercado de las criptomonedas ya era un baño de sangre, pero parece que eso no fue lo peor. Los precios de las criptodivisas están sufriendo otra gran caída y las altcoins están cayendo mucho más fuerte que el bitcoin (BTC) esta vez. Este periodo es uno de los más profundos en mucho tiempo y la capitalización total del mercado de todas las criptomonedas ha bajado un 14% hasta los 1,23 billones de dólares.

Ethereum cae un 20%.
Ethereum (ETH) pareció recuperarse brevemente hasta los 2.400 dólares ayer por la mañana, pero luego cayó junto con el bitcoin tras la publicación del índice de precios al consumo de Estados Unidos. El Ether se desplomó hoy hasta los 1.775 dólares, incluso por debajo de la caída del verano pasado. Sin embargo, el ETH se recuperó ligeramente hasta los 1.900 dólares, pero hoy sigue bajando un 20%.

TRON se mantiene un poco mejor
La lista de las 10 mayores altcoins (excluyendo las stablecoins) se ve ligeramente diferente hoy por primera vez en meses. Tron (TRX) retrocede en esta lista y es la que mejor se ha mantenido en las últimas 24 horas. Aun así, el precio de TRX ha bajado un 6% y ahora se sitúa en 0,7 dólares.

BNB, XRP, DOT, DOGE, AVAX se desploman con fuerza

Binance coin (BNB) hace un pequeño rebote hacia los 250 dólares, pero sigue bajando un 19% hoy. Ripple (XRP) ya ha bajado un 27% hasta los 0,37 dólares. Polkadot (DOT) está un 25% en el menos y actualmente retozando a 8$. Dogecoin (DOGE) está un 28% en el menos y cerrando a 0,076$. Avalanche (AVAX) está un 26,5% en negativo y retozando a 28 $.

SOL, ADA y SHIB caen más de un 30%

Solana (SOL) baja un enorme 31% y se sitúa en 43,8 dólares. Cardano (ADA) está ya un 32% en números rojos y baja a 0,44 dólares. Shiba inu (SHIB) está incluso un 31% en negativo y cae a 0,00001 dólares con lo que ahora tiene una capitalización de mercado menor que tron.

Las 100 mayores pérdidas en criptografía

También aave (AAVE), waves (WAVES), neo (NEO), enjin (ENJ), dash (DASH), pancakeswap (CAKE) y near (NEAR) han bajado hoy cerca del 30%. En el caso de internet computer (ICP), decentraland (MANA) y thorchain (RUNE), la cifra es del 31%. Arweave (AR), zilliqa (ZIL) y polygon (MATIC) bajan un 32%. Theta fuel (TFUEL) y convex finance (CVX) bajan un 37%. Stepn (GMT) ha bajado un 38%, graph (GRT) un 41% y fantom (FTM) un 43%. eCash ha bajado la friolera de un 48%.

Es otro periodo muy rojo en el mercado de las criptomonedas y el bitcoin (BTC) sigue cayendo como si nada. El precio ya estaba en una tendencia a la baja debido a los altos temores en los mercados financieros tradicionales, pero el incidente de terra (LUNA) está causando golpes aún más fuertes.

El precio del Bitcoin cae un 10%.
El precio del bitcoin todavía se acercaba a los 40.000 dólares hace una semana, poco después de la reunión del FOMC. Ayer por la mañana, el bitcoin se desplomó hasta los 30.000 dólares, pero al principio pareció mantenerse ahí. A continuación, el bitcoin se recuperó hacia los 32.000 dólares, pero no pudo superarlos ayer por la tarde.

A continuación se publicaron las cifras del índice de precios al consumo (IPC) de Estados Unidos. Ya advertimos a principios de semana que la publicación de estas cifras podría provocar más volatilidad. A continuación, el Bitcoin se sumergió por debajo de los 30.000 dólares por primera vez desde el verano pasado.

Aun así, el bitcoin rebotó inmediatamente y se recuperó ligeramente, pero el precio no superó los 31.650 dólares y comenzó a caer de nuevo. Hacia la medianoche, el bitcoin encontró brevemente apoyo en torno a los 29.000 dólares y se recuperó ligeramente, pero eso también duró poco.

A continuación, el Bitcoin se desplomó aún más y esta mañana cayó incluso por debajo de los 27.000 dólares, hasta un mínimo de 26.600 dólares. Ese es el precio más bajo de BTC desde finales de 2020. Bitcoin está haciendo un rebote hacia 28.000 dólares en KuCoin y 26.550 dólares en Bitvavo en el momento de escribir este artículo. Por lo tanto, el Bitcoin sigue bajando un 10% hoy y un 30% desde hace una semana.

Pánico, liquidación, capitulación y desconexión de BTC Esto significa que sólo los inversores que compraron su BTC hace más de dos años siguen teniendo beneficios.

El nivel de 27.000 dólares se consideraba un posible fondo de esta tendencia bajista. Aparte de la caída a 26.600 dólares, este límite se mantiene hasta ahora. Sin embargo, es muy incierto que el bitcoin pueda hacer un cambio de tendencia ahora. El miedo y el pánico siguen siendo elevados y es posible que tengamos que contar con una nueva caída hasta el siguiente límite, en torno a los 24.000 dólares. Además, ya hay analistas que incluso temen una caída hasta los 20.000 dólares.

El lunes 9th de mayo, el precio de la stablecoin UST de Terra se desplomó. TerraUSD (UST) es incapaz de mantener su "peg" (vinculación) al dólar estadounidense. Las reservas de divisas de Terra simplemente ya no eran suficientes para mantener su valor igual al del dólar. Janet Yellen, la secretaria del Tesoro de EE.UU., aprovechó la situación de inmediato.

La normativa sobre las stablecoin es ahora más importante que nunca
El Consejo de Supervisión de la Estabilidad Financiera de EE.UU. (FSOC) celebró una rueda de prensa en la que Yellen intervino junto a Jerome Powell (Reserva Federal) y Gary Gensler (SEC). Aprovechó la ocasión para dar el visto bueno a las stablecoins. Según Yellen, las

stablecoins deben ser reguladas rápidamente. Considera que la falta de regulación de las stablecoins es una amenaza para el sistema financiero.

La ministra cree que sería "muy conveniente" poder empezar a regular las stablecoins a finales de este año. Quiere un marco regulador para las stablecoins debido a la masiva caída de las UST. En la conferencia de prensa también se habla de que las stablecoins podrían regularse de la misma manera que los fondos del mercado monetario y los depósitos bancarios. Éstos están sujetos a requisitos de garantía y liquidez. Además, hay límites a la retirada y el depósito de dinero en los fondos del mercado monetario y las cuentas bancarias. Esto puede evitar que el desplazamiento masivo de divisas ejerza demasiada presión sobre el sistema financiero. Estas medidas no existen ahora en Estados Unidos en lo que respecta a las stablecoins.

Además de Yellen, también intervinieron políticos como el senador Pat Toomey, que suele ser muy positivo con las criptodivisas y defiende al pequeño inversor.

Fiasco financiero con TerraUSD (UST)
La conferencia de prensa se produjo justo después de que la stablecoin TerraUSD (UST) cayera con fuerza. Hoy, el token ha caído aún más frente al dólar regular. En el momento de escribir este artículo, el precio está cayendo a poco menos de 30 centavos.

A diferencia, por ejemplo, de la stablecoin USDC, que utiliza reservas de dólares en bancos estadounidenses, la UST se basa en algoritmos que controlan la estabilidad. A principios de este mes, la organización que está detrás de stablecoin incluyó el bitcoin (BTC) en su balance como garantía. Ahora su valor ha caído tanto que el valor de UST ya no puede garantizarse.

¿Comienza el ETF de Bitcoin en Australia?

En abril de 2022, los entusiastas de las criptomonedas de Australia recibieron noticias positivas sobre el bitcoin. En efecto, el regulador financiero del país había aprobado entonces su primer fondo cotizado en bolsa (ETF) de bitcoin. Los ETF son fondos cotizados en bolsa. El primer ETF de bitcoin en Australia se esperaba desde hace algún tiempo y, además, se aguardaba con impaciencia. A día de hoy, se pueden negociar tres ETF de criptomonedas, pero el comienzo ha sido extremadamente lento. Todo ello tiene que ver con la crisis de las criptomonedas en la que estamos inmersos.

El volumen de operaciones está muy por debajo de los 1.000 millones de dólares que se esperaban inicialmente. Esto tiene una conexión directa con el hecho de que el bitcoin está en su punto más bajo desde 2020. La extrema volatilidad actual hace que los inversores no estén tan interesados en un ETF de bitcoin como se esperaba el mes pasado.

ETFs de Bitcoin en Australia.
Los tres fondos de criptomonedas que han entrado en funcionamiento hoy en Australia son el ETF de bitcoin (BTC) de 21Shares, su ETF de Ethereum (ETH) y el ETF de bitcoin de Cosmos Purpose. El Cosmos ETF vio un volumen de operaciones de 400.000 dólares convertidos en la primera hora. El ETF de bitcoin de 21Shares puede poner cifras similares. El ETF de ethereum no pasó de 150.000 dólares en el mismo

periodo de tiempo. Por lo tanto, cifras escasas, que no coinciden con las expectativas iniciales.

El director general de Cosmos Asset Management, Dan Annan, también entiende y ve que los inversores son bastante cautelosos en este momento. Aun así, Annan tiene esperanzas en el largo plazo:

"Los inversores con una visión a largo plazo en términos de exposición a Bitcoin y a la criptodivisa entenderán que esta es una buena oportunidad para un punto de entrada. Por lo tanto, esperamos ver un aumento de los volúmenes en los próximos días."

Para hacer la negociación un poco más atractiva y con la esperanza de impulsar los volúmenes, Cosmos ha decidido no cobrar una comisión de negociación durante los dos primeros meses. Por cierto, esta decisión también se debe en parte a la ligera frustración de los inversores. Al fin y al cabo, el ETF de bitcoin debía entrar en funcionamiento hace dos semanas, pero se retrasó inesperadamente.

¿Bitcoin está protegido por la ley en China?

El año pasado, el gobierno chino decidió prohibir el comercio de criptodivisas, como el bitcoin (BTC) por supuesto, para los ciudadanos comunes. Las consecuencias para la industria de las criptomonedas fueron grandes y la mayoría de las empresas de criptomonedas abandonaron el país. Sin embargo, recientemente ha ocurrido algo notable. A saber, el Tribunal Superior de Shanghái dictaminó que el bitcoin sí tiene valor económico y, por tanto, está protegido por la ley.

Bitcoin en China

Esto se conoció después de que el tribunal compartiera una nota en la popular plataforma de chat WeChat, informa Bitcoin.com. Esta es la primera vez que un tribunal de China se pronuncia sobre el bitcoin desde la prohibición introducida por el gobierno chino hace un año. Esta prohibición se introdujo entonces con el objetivo de garantizar supuestamente la estabilidad financiera de China. La sentencia del tribunal dice lo siguiente:

"En la práctica de juicio real, el Tribunal Popular se ha formado una opinión unánime sobre el estatus legal del bitcoin, identificándolo como propiedad virtual [...] El bitcoin tiene un cierto valor económico y de acuerdo con las propiedades de la propiedad, se aplica la regla legal del derecho de propiedad para su protección."

Implicaciones de la prohibición

Ahora, por supuesto, queda la pregunta de cómo reaccionarán el gobierno y la industria de las criptomonedas a esta monumental sentencia. Según un abogado de Pekín, Liu Yang, podría ser que esta sentencia se citara en futuros casos relacionados con el bitcoin y otras criptomonedas en la región de Shanghai.

Así que, aunque ciertamente no hay un final a la vista para la prohibición del bitcoin en China, esto muestra que posiblemente la controvertida prohibición está en violación de la ley china.

De hecho, en esencia, la sentencia afirma que el bitcoin no debería haber sido prohibido directamente. Al fin y al cabo, está protegido por la ley. Queda por ver si al gobierno chino le importa esto. Además, incluso los tribunales superiores pueden anular esta sentencia del tribunal de Shanghai.

Condenado a prisión un defraudador de criptomonedas

El Departamento de Justicia de los Estados Unidos (DOJ) ha anunciado recientemente que el comerciante de criptodivisas Jeremy Spence, de 25 años, ha sido detenido por estafar a más de 170 personas. Spence recibió una condena de 42 meses de prisión por este motivo. Spence había creado un fondo de criptomonedas y había dicho a sus inversores que el fondo había obtenido grandes beneficios, pero no era así en absoluto.

Spence gestionaba las cuentas de las redes sociales del fondo de inversión, llamado Coin Signals. Tuvo que comparecer ante un juez del Estado de Nueva York y confesó su culpabilidad. Spence recibió además tres años de libertad bajo toezcith y deberá pagar una indemnización de más de 2,8 millones de dólares a sus víctimas.

Estafa piramidal de criptomonedas

Spence había puesto en marcha el fondo con el objetivo de obtener beneficios para sus inversores. Sin embargo, esto no salió del todo bien y su fondo sólo generó pérdidas. En un intento de ocultar estas pérdidas a sus inversores, Spence creó cuentas falsas. Con los ingresos de los nuevos inversores, pagaba a los antiguos. Esto hizo que este fondo se pareciera un poco a una estafa piramidal. Cerca de 2 millones de dólares en criptomonedas circularon de esta manera.

Por ejemplo, el gestor del fondo, de 25 años de edad, declaró en el grupo de chat en línea del fondo que éste había obtenido un 148% de beneficios, aunque en realidad no era así en absoluto.

Detenido por el FBI
El estafador fue finalmente capturado en enero de 2021 por la Oficina Federal de Investigación (FBI). La Comisión de Comercio de Futuros de Materias Primas (CFTC) también presentó cargos civiles.

Spence se declaró culpable en noviembre de 2021 y fue hallado culpable de fraude de productos básicos por robar 5 millones de dólares a inversores de criptomonedas involuntarios desde noviembre de 2017 hasta abril de 2019. Para ello, hizo falsas promesas sobre la obtención de beneficios cuando, en realidad, tenía pérdidas.

Sin embargo, en el tribunal, expresó su arrepentimiento por sus acciones y pidió disculpas. Dijo que "llegó a un mundo para el que [él] no estaba preparado en absoluto".

ApeCoin es la criptomoneda asociada al ecosistema del Club Náutico de los Monos Aburridos, entre otros. ApeCoin entra en la categoría de las memecoins, y estas suelen mostrar más volatilidad que el resto del mercado.

ApeCoin (APE) se recupera

El declive antes de la recuperación

Especialmente cuando se compara con monedas más grandes como el bitcoin y el ether. Esta semana fue volátil para APE, ya que el 11 de mayo perdió el 81% de su valor en un corto período de tiempo. El precio de ApeCoin cayó de unos 11 dólares a 5 dólares ese día.

Sin embargo, el precio se ha recuperado bastante desde entonces y ApeCoin cotiza en torno a los 9 dólares, lo que supone una recuperación impresionante, pero no es realmente esperanzador que el proyecto pueda ceder más del 80% de su valor en un solo día.

El impresionante repunte de ApeCoin

El 12 de mayo, ApeCoin ya se recuperó casi un 45 por ciento hasta los 7,30 dólares y el optimismo volvió cautelosamente a la comunidad. Mientras tanto, el restablecimiento de la confianza será completo con el rebote a 9 dólares. Sin embargo, esto todavía deja a ApeCoin lejos del máximo histórico de 27,50 dólares que alcanzó el 28 de abril de este año.

El movimiento en zigzag del precio de ApeCoin pareció seguir en líneas generales al resto del mercado. Como resultado del colapso de UST y del ecosistema Terra, la confianza en el mercado recibió un gran golpe. Esto provocó un tremendo caos en el mercado y ApeCoin tampoco pudo escapar a ese sentimiento. Además, la Reserva Federal de EE.UU., el principal banco central del mundo, sigue siendo bastante agresiva.

Hawkish significa que están buscando formas de domar la inflación y planean subir los tipos de interés, entre otras cosas. En la última reunión del FOMC, el presidente Jerome Powell anunció su intención de volver a subir los tipos de interés en un 0,5% al menos en las dos próximas reuniones. Sin embargo, no es una certeza, porque Powell indica que quiere ser capaz de reaccionar de forma dinámica a cualquier circunstancia cambiante.

9,63 dólares posible resistencia mayor
En este momento, el tiempo está brevemente a favor del ecosistema Ape y el precio de ApeCoin tiene el viento en sus velas. Sin embargo, hay una resistencia importante en $9.63 0ya que es donde se encuentra la línea de Fibonacci 0.618. Alrededor de ese punto el precio también falló hoy. Existe la posibilidad de que el precio continúe moviéndose hacia ese precio y encuentre resistencia en ese punto.

Si ApeCoin se abre paso, el camino hacia un precio más alto está abierto. Sin embargo, todo depende del resto del mercado. De hecho, al igual que para muchas otras altcoins, el precio de ApeCoin muestra una alta correlación con el precio del bitcoin. Sin embargo, si el bitcoin tiene problemas, hay pocas posibilidades de que monedas como ApeCoin se disparen. El bitcoin, a su vez, depende del imprevisible entorno macroeconómico en el que nos encontramos actualmente. La probabilidad de nuevas subidas de los tipos de interés, la alta

inflación y la agitación geopolítica no suelen ser buenas
para las inversiones.

¿Warren Buffet recibe bitcoin gratis?

La leyenda de la inversión Warren Buffet, que ya ha cumplido los noventa años y es conocido por ser un gran opositor al bitcoin, tiene una inversión indirecta en bitcoin a su nombre. Esto se debe a que Berkshire Hathaway, la empresa de inversiones de Buffet, tiene una gran posición en el Nubank de Brasil, que ha decidido invertir el 1% de sus reservas en bitcoin.

Queda por ver lo contento que está Buffet con esta noticia, ya que una vez llamó al bitcoin veneno para ratas al cuadrado. En 2021, Berkshire Hathaway invirtió 1.000 millones de dólares (950 millones de euros) en Nubank. Así que con eso, Buffet ahora es dueño indirecto de bitcoin. Sin embargo, no puede ser una gran sorpresa para Buffet y sus compinches, ya que Nubank es conocido como un banco favorable al bitcoin.

La declaración de Nubank
Nubank dice que esto es para reforzar la creencia de la compañía en el potencial actual y futuro del bitcoin. El banco brasileño está utilizando el servicio de Paxos para ofrecer a sus clientes la oportunidad de comprar bitcoin. Como resultado, los clientes de Nubank no pueden enviar su bitcoin desde la plataforma a su propio monedero.

Sin embargo, el banco tiene previsto añadir esa opción en el futuro. Actualmente, esta opción está todavía en fase de prueba, y un pequeño porcentaje de los clientes del banco ya dispone de ella. Nubank espera añadir la opción de enviar bitcoin a un monedero privado para todos los clientes en los próximos meses. Así que hasta entonces, la mayoría de los clientes de Nubank se ven obligados a mantener su bitcoin dentro de Nubank.

El Bitcoin es el más fuerte

La razón por la que Nubank eligió el bitcoin como activo de reserva en su balance es la cuota de mercado del bitcoin. La mayor criptomoneda sigue teniendo el 40% del mercado y, por tanto, se considera la opción más segura que ofrece el cripto. Con la inversión, Nubank busca establecerse definitivamente como un banco favorable al bitcoin. Además de comprar bitcoin a través de su plataforma de negociación normal, los clientes también pueden invertir en el ETF brasileño de bitcoin.

¿Momento doloroso para Warren Buffet?

Queda por ver hasta qué punto Warren Buffet conocía estos planes. Después de todo, no hace mucho tiempo el experimentado y exitoso inversor seguía gritando que no compraría todo el bitcoin del mundo por 25 dólares todavía y que el bitcoin no tiene valor. Una importante inversión de Berkshire Hathaway claramente no comparte esa opinión con Buffet y, en cambio, está apostando cada vez más por el bitcoin.

Las acciones de Nubank están a la venta en la Bolsa de Nueva York, entre otras, y el mercado parece al menos satisfecho con la inversión en bitcoin del banco. Esa satisfacción no se basará en la actual evolución de la cotización del bitcoin, que puede calificarse de bastante dramática. Tras el drama de Terra, el precio del bitcoin ha vuelto a caer hasta poco más de 26.000 euros.

¿Nueva dificultad para la minería de bitcoin?

Los mineros de Bitcoin (BTC) probablemente van a notar la caída del bitcoin en un futuro próximo. De hecho, la dificultad de la red se ajustó ayer a un récord. En resumen, minar BTC nunca ha sido tan difícil, mientras que el precio ha caído en picado.

Dificultad de Bitcoin para grabar

Desde julio de 2021, la potencia de cálculo de la red Bitcoin estaba en una evidente tendencia al alza. La dificultad computacional sufrió un gran golpe justo antes de eso, después de que China impusiera una prohibición a la minería. Posteriormente, más y más mineros de otras partes del mundo se unieron a la red después de que quedara claro que puede ser un negocio bastante lucrativo. Y en el último año, esta atracción se debió principalmente al aumento del precio del bitcoin.

Para garantizar que, de media, se añada un bloque de transacciones a la cadena de bloques cada 10 minutos, la red se equilibra automáticamente mediante el ajuste de la dificultad. Este ajuste tiene lugar cada 2.016 bloques. Si el tiempo de bloqueo durante este periodo fue de media inferior a 10 minutos, la dificultad se incrementa. De este modo, el trabajo de los mineros se vuelve más difícil y los tiempos de bloqueo deberían volver a los 10 minutos.

Tras la constante tendencia al alza de la potencia de cálculo, que también alcanzó un récord a principios de mayo, la dificultad aumentó ayer un 4,9%. ¡Nunca ha sido tan difícil para los mineros minar bitcoins!

Los mineros van a sentir el dolor tras la caída del bitcoin Aunque esto indica que la red también es extremadamente segura, es posible que los mineros de BTC lo pasen mal. Con la caída del precio del bitcoin, cada vez es menos rentable minar.

Por lo tanto, es probable que el hashrate comience a disminuir en un futuro próximo. Esta disminución, por supuesto, acabará facilitando la minería de bitcoins, ya que la dificultad también disminuirá.

El futuro del bitcoin en Brasil

Nubank, el mayor banco de Brasil, anunció el 11 de mayo que dará a sus clientes la posibilidad de operar con bitcoin (BTC) y ethereum (ETH). El banco indicó que los clientes podrán operar con estas dos criptodivisas por un mínimo de 1 real brasileño. Anteriormente, los clientes ya podían invertir en criptodivisas en este banco, sin embargo, solo podían hacerlo mediante fondos negociados en bolsa (ETF).

Fuerte crecimiento de la popularidad de BTC y ETH
David Vélez, director general y cofundador de Nubank, dijo que las criptodivisas han crecido mucho en popularidad. Además, indicó que las criptodivisas pueden cambiar el mundo.

Nubank es el mayor banco fintech de América Latina. Además, este banco solo funciona como banco online y ofrece muchos productos y servicios innovadores diferentes. El banco trabaja dentro de diferentes empresas, y entidades como Sequoia Capital y Berkshire Hathaway invierten en Nubank.

Los clientes no necesitan crear una cuenta especial, sino que pueden utilizar simplemente su cuenta corriente para comprar estas criptodivisas. Esto es una gran ventaja, ya que garantiza que estos usuarios puedan entrar en el mercado más fácilmente.

Las criptomonedas son muy populares en América Latina. Algunos países permiten más en relación con este sector que otros, sin embargo, podemos ver claramente que cada vez más bancos están adoptando las criptodivisas.

El buen momento de Nubank
Por otra parte, esta decisión del banco puede haber llegado en el momento equivocado. El precio del bitcoin ha corregido con fuerza en los últimos días, llegando a tocar los 26.700 dólares, y el ethereum cayó hasta un mínimo de 1.700 dólares.

Actualmente no es un buen momento para el lanzamiento de productos o servicios relacionados con las criptomonedas. Otro producto que aparecerá en el mercado es el primer ETF de bitcoin de Australia. Este ETF saldrá al mercado el 12 de mayo.

Impuestos sobre BTC en Alemania

El mercado de las criptomonedas se desangra, pero las novedades en torno al sector continúan. En Alemania, ahora se ha aclarado cómo tratan las autoridades fiscales a las criptodivisas como el bitcoin (BTC) y el ethereum (ETH). Y son especialmente buenas noticias sobre el bitcoin para los alemanes.

Los alemanes no tendrán que pagar impuestos por el bitcoin después de un año
El Ministerio de Finanzas alemán ha publicado recientemente las primeras directrices relativas a la fiscalidad de las criptomonedas. Se trata de un documento de 24 páginas que aborda todo tipo de cuestiones relacionadas con las criptomonedas.

Entre otras cosas, este documento muestra que las personas que invierten en bitcoin, ethereum o criptodivisas similares no tienen que pagar impuestos por ellas después de un año. Por tanto, los bitcoins vendidos después de un año no están sujetos al impuesto sobre los beneficios.

Por cierto, esto también se aplica a los ingresos de los servicios de staking y de préstamo de criptomonedas. El staking es la ganancia pasiva de cripto en una red proof-of-stake (PoS) como Cardano (ADA). Anteriormente, se hablaba de que el plazo de un año se ampliaría a 10 años una vez que el inversor utilizara el cripto dentro de un servicio de préstamo o para hacer estacas, pero no es el caso, según la secretaria de Estado del Parlamento, Katja Hessel:

"Para las personas físicas, la venta de bitcoin y éter adquiridos está libre de impuestos al cabo de un año. El plazo no se amplía a diez años si, por ejemplo, el bitcoin se ha utilizado previamente para préstamos o si el contribuyente ha proporcionado éter como participación a otra persona para crear su bloque."

Evolución positiva para las criptomonedas
Las nuevas directrices son positivas para las criptomonedas porque todavía hay mucha ambigüedad en torno al sector. El cripto es nuevo y, por lo tanto, todavía hay mucho que trabajar. Por ello, Hessel afirma que este documento no será seguramente el último:

"Por supuesto, la próxima publicación oficial de la carta del BMF no es el final de nuestro debate sobre el tema, sino un resultado provisional. El rápido desarrollo del "mundo de las criptomonedas" garantiza que no se nos acabarán los temas. Ya está en marcha una carta adicional sobre las obligaciones de cooperación y registro".

Microstrategia y Bitcoin

MicroStrategy, dirigida por su director general, Michael Saylor, es uno de los mayores poseedores de bitcoins (BTC) del mundo. La empresa tiene muchos miles de millones en bitcoin en su balance y también cotiza en la bolsa estadounidense. Los inversores de MicroStrategy empezaron a preocuparse un poco tras la fuerte caída del precio del bitcoin. Sin embargo, según Saylor, la empresa sólo tendrá problemas si el bitcoin se desploma hasta los 3.000 dólares.

Michael Saylors préstamos bitcoin
Especialmente las posiciones en bitcoin de MicroStrategy que se compraron con un préstamo podrían estar en riesgo, o eso pensaban los inversores. En consecuencia, corrió el rumor de que MicroStrategy sería liquidada si el bitcoin bajaba a la marca de los 21.000 dólares, lo que hoy no sería ni mucho menos descartable.

Esto es motivo de preocupación porque la filial de la compañía, MacroStrategy, tomó un préstamo de 205 millones de dólares del Banco Silvergate en marzo de 2022, utilizando parte del bitcoin de MicroStrategy como garantía de la deuda. MicroStrategy utilizó entonces los ingresos para llevar a cabo la estrategia de BTC de la empresa.

Si el precio del BTC bajara demasiado, se produciría un ajuste de márgenes en el préstamo de Silvergate porque el valor de la garantía caería. Este fue un punto central en la convocatoria de ganancias de la compañía en mayo, donde el director financiero de la empresa, Phone Le, confirmó que la compañía tendría que vender algunos bitcoins si el precio de BTC caía por debajo de los 21.000 dólares.

El precio mínimo de BTC es de 3.500 dólares
Sin embargo, según Saylor, no es tan sencillo. De hecho, afirma que MicroStrategy tiene más de 115.000 bitcoins que podrían poner a disposición como garantía en caso de que el bitcoin baje a la marca de 21.000 dólares.

Sólo cuando el bitcoin se desplome por completo hasta los 3.562 dólares, MicroStrategy tendrá realmente un problema y se verá obligada a vender sus participaciones en bitcoin. Afortunadamente, aún falta mucho para ello y está por ver si este escenario es realista.

Profundizando en la Web 3.0: Carteras, DeFi, NFT y
GameFi

KuCoin planea utilizar el nuevo capital para seguir
ampliando sus servicios y, en particular, profundizar en
la Web 3.0. La bolsa invertirá en criptocarteras, finanzas
descentralizadas (DeFi), plataformas de tokens no
fungibles (NFT) y GameFi, entre otros. Esta última es
una combinación relativamente nueva de juego y
finanzas en blockchain.

La ronda de financiación de serie B fue liderada por
Jump Crypto y contó con la participación de múltiples
firmas de inversión, como Circle Ventures, IDG Capital y
Matrix Partners. Tak Fujishima, de Jump Crypto, dijo lo
siguiente:

"KuCoin ofrece una plataforma integral de servicios de
cripto a una audiencia global, que es una de las muchas
razones por las que estamos orgullosos de liderar esta
ronda. Estamos entusiasmados de apoyar a la compañía
a medida que continúa creciendo y ampliando sus
ofertas en el comercio de futuros y márgenes,
préstamos, huelgas y retornos pasivos para apoyar el
crecimiento de la Web 3.0 y los mercados de
criptomonedas."

Mejorar el rendimiento y la seguridad de KuCoin.
Además, KuCoin utilizará parte de la nueva inversión
para mejorar el sistema de comercio de la bolsa. El

comunicado de prensa habla de una mejora del rendimiento que se multiplicará por diez y que permitirá a la plataforma de negociación prestar un mejor servicio a sus 18 millones de clientes. KuCoin también tiene previsto mejorar la seguridad de la plataforma de negociación.

"La confianza de destacados inversores, incluyendo Jump Crypto y Circle Ventures, refuerza nuestra visión de que un día todo el mundo estará involucrado con el cripto. KuCoin se construyó para todas las clases de inversores, y creemos que estos nuevos inversores y socios ayudarán a que KuCoin sea sinónimo de una puerta de entrada segura al mundo del cripto."

Dice Johnny Lyu, director general de KuCoin. KuCoin quiere que KCC, la blockchain pública construida por la comunidad de KuCoin, sea una parte central de este ecosistema descentralizado.

El bitcoin se recupera con fuerza

Bitcoin (BTC) y el mercado de criptodivisas en general se han visto muy afectados en los últimos días. Los precios ya estaban en una tendencia a la baja, pero el fiasco que rodea a terra (LUNA) resultó en un profundo mercado rojo.

Aun así, el bitcoin pudo recuperarse en las últimas 24 horas. El mercado está reaccionando con cierto alivio y el sentimiento se está volviendo ligeramente más positivo. No obstante, el miedo y la incertidumbre siguen siendo muy elevados y el bitcoin podría seguir cayendo más.

El precio del Bitcoin se recupera un 10%.
El precio del bitcoin llegó a la marca de los 27.000 dólares ayer por la mañana, el 13 de mayo. Aunque el bitcoin volvió a caer hacia los 26.600 dólares, y en algunas bolsas incluso hacia los 25.000 dólares, este límite en torno a los 27.000 dólares se mantiene por ahora.

El Bitcoin comenzó entonces a subir. El precio encontró primero cierta resistencia en torno a los 28.000 dólares, pero pudo superarla ayer por la tarde. Los 29.000 dólares también ofrecieron cierta resistencia durante un tiempo, pero el bitcoin también la superó ayer por la tarde.

A continuación, el bitcoin fue rechazado en torno a los 29.800 dólares, pero el precio se mantuvo firme por encima de los 28.000 dólares y pudo volver a subir después. El bitcoin alcanzó un máximo de 30.885 dólares esta mañana y, en el momento de escribir este artículo, cotiza a 30.300 dólares en KuCoin y a 29.000 euros en Bitvavo. Esto sitúa el precio en un enorme 10% más hoy.

Los inversores en Bitcoin intentan apuntar al fondo
Es posible que el bitcoin haya tocado fondo en torno a estos 27.000 dólares y que ahora esté iniciando una recuperación. El volumen está empezando a aumentar por fin en las últimas horas, lo que puede indicar un retorno de la confianza.

Sin embargo, esto no es ni mucho menos seguro. Para poder hablar de un cambio de tendencia, el precio debe salir primero de un hueco muy profundo. Es posible que el bitcoin se encuentre ya con una resistencia demasiado grande en torno a los 32.000 dólares y reanude su tendencia a la baja.

Entonces puede que tengamos que contar con una prueba de la marca de los 24.000 dólares. Es notable que los inversores estén tratando de apuntar exactamente al fondo. Si es así, suele ser prácticamente imposible.

Si está invirtiendo a largo plazo y todavía tiene plena confianza en el bitcoin, entonces tampoco hay mucha diferencia en apuntar exactamente al fondo. Si tiene menos confianza y/o está invirtiendo a corto plazo, entonces podría ser prudente esperar a una señal más fuerte de un cambio de tendencia primero. Por lo tanto, el dicho "No atrapes un cuchillo que cae" es bien conocido por los inversores; los precios siempre pueden caer más.

Mientras tanto, el mercado de futuros se ha enfriado por fin, pero desgraciadamente ha venido acompañado de un gran desplome. El interés abierto está actualmente en su nivel más bajo en siete meses, una clara señal de la incertidumbre.

A pesar de ello, actualmente se están cerrando grandes cantidades de posiciones largas en Bitfinex, lo que puede indicar un retorno de la confianza.

¿Debe invertir en criptografía ahora?

Si ha seguido un poco las noticias en los últimos años, sabe mejor que nadie que el interés por el Bitcoin se ha disparado. Desde el comienzo de la crisis de la corona, muchos han hecho una inversión en cripto.

Gran crecimiento del número de inversores debido a la pandemia
Para ver si las criptomonedas son imprescindibles para 2022, es bueno mirar primero a los años anteriores. De hecho, hay una razón clara por la que el interés por el Bitcoin y otras altcoins ha aumentado en un corto periodo de tiempo. Corona hizo que todos reorganizáramos nuestra vida cotidiana durante un periodo de tiempo. Un bloqueo aún no había terminado o otro bloqueo ya estaba en la puerta. De la nada, la gente tenía que quedarse mucho en casa, lo que significaba gastar menos dinero. Al mismo tiempo, vieron que las criptodivisas iban muy bien; desde el comienzo de la pandemia, había una tendencia al alza en ellas.

Con dinero extra en su cuenta, muchas personas decidieron dar el paso. Los precios siguieron subiendo durante la pandemia y la cobertura informativa sobre las criptomonedas siguió siendo positiva. Lo que también hay que tener en cuenta, es el hecho de que la tasa de ahorro es actualmente muy baja. Esto significa que no obtendrá casi nada por los ahorros que deje en el banco. De hecho, en muchos casos hay una mayor posibilidad de que gane más con ellos si los invierte en cripto - siempre que, por supuesto, conozca exactamente cómo funciona el cripto. Todos estos factores combinados proporcionan la base adecuada para echar un vistazo al mundo del cripto.

Lo que hay que saber sobre la inversión en criptomonedas

Muchos inversores novatos se preguntan si podrán ganar una buena cantidad de dinero con sus esfuerzos en la criptomoneda en un corto período de tiempo. La respuesta es: en general, no. La inversión en criptografía es más rentable cuando se invierte a largo plazo. Esto significa que la compra de Bitcoin sólo debe hacerse con dinero que se pueda echar en falta durante un tiempo y que, por tanto, no se necesita inmediatamente. De hecho, la práctica pasada ha demostrado que el valor de Bitcoin y otras monedas ha empezado a subir con el paso de los años. Por supuesto, puede ocurrir que su apuesta valga mucho un día o que su valor haya caído en picado.

Es importante no actuar por emoción en un momento así, sino atenerse a una estrategia clara que le ayude a ganar dinero a largo plazo. El valor de Bitcoin hoy es tan alto por una razón; ha habido muchos altibajos. Sin embargo, el hecho es que Bitcoin una vez comenzó con un valor de 0 dólares. En 2010, dos pizzas fueron incluso pagadas con 10.000 Bitcoin. Eso es difícil de imaginar ahora que un Bitcoin ha superado esa cantidad varias veces. Los expertos esperan que el Bitcoin y otras criptomonedas se conviertan en la moneda del futuro, así que ciertamente no está de más prepararse para ello ahora.

Cripto en 2022: ¿invertir o no invertir?

Por lo tanto, se recomienda definitivamente comenzar a invertir en criptodivisas en 2022, si tiene el dinero para hacerlo y si su interés está ahí. Varios operadores, corredores y profesionales del campo de las criptomonedas esperan que 2022 sea un año interesante para los precios. De hecho, ya lo es; debido a los ataques de Rusia en Ucrania, estamos viendo muchos altibajos en el precio del Bitcoin. Nunca se sabe qué más va a pasar y cómo va a afectar a las criptodivisas. Esa es la única "desventaja" de invertir en esta moneda virtual; es increíblemente volátil.

Sin embargo, si se tiene en cuenta eso a la hora de empezar a invertir en cripto, este año es definitivamente un buen momento para empezar. En los últimos años, el aumento de los precios ha demostrado mucho. Lo más probable es que las cosas sólo mejoren en el próximo período en los distintos tipos de cambio. Recuerde que un día puede ir mejor que otro y que no debe invertir con el dinero que necesita inmediatamente. Sólo entonces invertir en Bitcoin o en cualquier otra criptomoneda es divertido y emocionante y, lo que es más importante, rentable.

Mejores criptomonedas 2022

La criptomoneda número uno del mundo, Bitcoin, no necesita ser anunciada como una opción de inversión. Incluso para 2022, sigue siendo la mejor moneda para comprar ahora. Pero, ¿en qué más se puede invertir en 2022? Stellar Lumens, XLM, también puede considerarse una buena moneda para comprar ahora. XLM puede haber tenido un 2020 turbulento, pero ahora está cotizando cerca de su ATH. Además, hay algunos grandes proyectos previstos en el horizonte.

Por ejemplo, la propia Stellar Lumens invirtió recientemente 5 millones de dólares en Wyre, un servicio de pago líder en blockchain. Esta inversión proporcionará a XLM, acceso a pares de divisas. Además, Stellar ha sido elegido por el Banco Central de Ucrania para contribuir al desarrollo de su propia CBDC, moneda digital del banco central.

La segunda criptomoneda más grande de la que definitivamente no debemos olvidarnos en 2022, Ethereum. ETH es especialmente importante para que los desarrolladores desarrollen y ejecuten diversas aplicaciones en la plataforma Ethereum. El tamaño del mercado de Ethereum es aproximadamente el 19% del de Bitcoin. Por lo tanto, Ethereum ciertamente también puede ser llamado la mejor criptomoneda para invertir.

Una de las opciones para 2022 es también Dogecoin. Fue lanzada como una broma por dos programadores. Sin embargo, Doge goza de la atención de influyentes, como Musk de Tesla, Gene Simmons de la banda de rock Kiss y el rapero Snoop Dogg.

Las mejores criptomonedas para comprar en 2022

¿Cuál es la mejor criptomoneda en 2022 para comprar aún más? Otra criptomoneda que puedes considerar mejor para invertir en 2022 es Litecoin. Usando LTC como su token, basado en Bitcoin, Litecoin fue lanzado en 2011 por Charlie Lee. Litecoin se refiere a menudo como la plata de oro Bitcoin. Litecoin comparte muchas similitudes con Bitcoin. Sin embargo, LTC tiene una tasa de bloqueo más rápida y, por tanto, ofrece un tiempo de confirmación de las transacciones más rápido.

Es menos popular entre los desarrolladores, pero el número de vendedores que aceptan LTC está creciendo. La LTC tiene una capitalización de mercado de 13.000 millones de dólares en el momento de escribir este artículo.

Se espera que la criptomoneda DOT del creador Polkadot sea más interesante en 2022. La conexión de blockchains autorizadas y sin permiso, así como de oráculos, atraerá aún más este sistema. El objetivo es permitir que diferentes redes cooperen entre sí sin comprometer la seguridad. Por cierto, esta es una ventaja de Polkadot en comparación con Ethereum.

Puedes crear tu propia cadena de bloques en Ethereum con tu propio token, pero también tendrás que construir tu propia seguridad. Mientras que en Polkadot puedes utilizar seguridad compartida.

Cada vez son más los inversores y operadores que se interesan por las criptomonedas y, en particular, por el Bitcoin. Muchas personas tienen la intención de adentrarse en el mundo de las criptomonedas, pero no saben cuándo hacerlo. ¿Deben dejarse llevar por las historias de éxito o quizás es mejor no hacerlo? En este artículo descubrirá la respuesta.

Oportunidades para invertir en Bitcoins

El creciente interés por las criptomonedas ha hecho que también haya muchas oportunidades para invertir en Bitcoins. Mientras que en el pasado sólo se podía acudir a sitios web extranjeros para ello, hoy en día también se puede acudir a diferentes organizaciones de los Países Bajos. Hay varios intercambios (holandeses) y utilizando los servicios de una organización como Bitcoin Pro puedes incluso aplicar un bot de comercio a ellos. Esto le quitará parte del trabajo de comerciar con Bitcoins.

¿Qué tan interesante es una inversión en Bitcoin?

Según los informes de los medios de comunicación, la inversión en Bitcoin es muy interesante. Basta con hacer una búsqueda rápida para leer varias historias de éxito al respecto. Aunque estas historias son muy interesantes e incluso inspiran a muchas personas a realizar una inversión en Bitcoin por sí mismas, no hay que ignorar los riesgos que conlleva. Después de todo, los precios de Bitcoin están sujetos a cambios considerables. No se descarta que se alternen grandes picos en el precio con fuertes caídas del mismo. Aunque esto puede generar riesgos, también ofrece una buena oportunidad para determinar el mejor momento para realizar una inversión en Bitcoin.

Comprar barato, vender caro

Cuando se habla del mejor momento para invertir en criptodivisas, rápidamente viene a la mente el término "comprar bajo, vender alto". Después de todo, un error común es elegir una inversión en Bitcoin cuando el precio es muy alto. Después de todo, muchas personas se inspiran en las mencionadas historias de éxito difundidas por los distintos medios de comunicación. Para maximizar el retorno de la inversión, es mejor invertir cuando el precio de Bitcoin está en su punto más bajo y vender cuando está en su punto más alto. Además, es una sabia elección repartir la inversión. Esto se puede hacer haciendo la propia inversión en varias partes o eligiendo varias criptodivisas en las que invertir. Lo anterior señala que es muy importante estar atento a los precios de las criptomonedas y a todas las noticias mundiales para determinar el mejor momento para una inversión en Bitcoin.

El enorme revuelo del bitcoin en 2018

Recordarlo me pone una sonrisa muy grande en la cara. Era el verano de 2018 cuando empecé a profundizar en Bitcoin. Y específicamente en la tecnología blockchain. El primer artículo que leí fue sobre Bitcoin. En ese momento, podía ver el potencial de esta moneda digital, pero no acababa de creer en ella. Sin embargo, el segundo artículo que leí después captó toda mi atención. El segundo artículo trataba sobre el blockchain, la tecnología que está detrás de Bitcoin. Es muy fascinante esta tecnología, que se basa en la descentralización y la alta trazabilidad dentro del blockchain. Me convenció y decidí hacer mi primera inversión. Sólo que no para invertir en Bitcoin, sino en Ethereum.

Hoy en día, hay muchos sitios web de finanzas donde se puede comprar Bitcoin. Pero en aquel entonces, en el verano de 2018, solo había unos pocos sitios web donde se podía hacer esto. A menudo, tenías que guardar el código de la cadena de bloques en un USB o en papel. No es sorprendente que mucha gente perdiera sus códigos, ¡junto con todos sus Bitcoins! Ahora, afortunadamente, eso es cosa del pasado. De todos modos, en aquel entonces compré mis primeras monedas de Ethereum. Había comprado cuatro monedas por 100 dólares cada una. Olvidemos por un momento el hecho de que todavía era un gran aficionado en ese momento y había cometido muchas de las trampas para los inversores novatos. Pero a veces la suerte está con los estúpidos, y eso era cierto para mí en ese momento. Porque aparentemente, me había metido justo antes del enorme bombo del Bitcoin. Y sí, eso me trajo unos rendimientos tremendamente altos.

Cómo mi primera inversión en Ethereum tuvo una rentabilidad de +900%.

Cuando compré Ethereum, también compré alguna otra criptomoneda. Y entonces empezó todo. En algún momento de septiembre y octubre de 2018, llegó el Bitcoin Hype. Una criptodivisa tras otra se disparó. Por ejemplo, en el pico del hype, mis monedas de Ethereum valían 1000 dólares cada una. Las había comprado por 100 euros, por lo que suponían un rendimiento del 900%. También había comprado algunas monedas de Litecoin que habían volado de 50 dólares a 250 euros. Y una de mis mejores inversiones fue Verge. Con Verge, había ganado la friolera de 5.000 dólares a partir de 100 euros. Pero, como ya he dicho, en aquel momento era un total aficionado y cometí muchos errores.

Afortunadamente, no lo hice todo mal. Por ejemplo, sólo había invertido con el dinero que podía perder. Esa es una de las reglas más importantes para hacerse rico con la inversión: sólo invertir con el dinero que te puede faltar. Había invertido un total de unos 1500 euros. Y en algún momento esto valía unos 13.000 euros. Sí, es una rentabilidad tremendamente alta en sólo cuatro meses. Desgraciadamente, mi mayor error fue que me dejé llevar completamente por el bombo y platillo. Me olvidé de algo muy importante: recoger beneficios. Todo este tiempo había estado manteniendo mi criptodivisa, incluso hasta el día de hoy. Afortunadamente, el precio está volviendo a subir un poco, pero pasarán años antes de que volvamos a los niveles de 2018.

Moraleja: si invierte en un bombo, asegúrese de embolsarse los beneficios a tiempo. Porque antes de que se dé cuenta, puede ser demasiado tarde y se quedará con las manos vacías.

Pero ojo: no cobrar mis ganancias no fue el mayor error.

La falta de casos de uso y valor de Bitcoin en 2018.
El mayor error que cometí en 2018 fue invertir en hype.
Mucha gente se ha hecho millonaria invirtiendo en
Bitcoin. Y no descarto que haya muchos más millonarios
en los próximos años gracias a Bitcoin. Pero la gran
diferencia entre esos millonarios y yo, es que todos esos
millonarios de Bitcoin llegaron muy pronto. Ya estaban
invirtiendo en el potencial de esta moneda digital desde
2013. Por aquel entonces, ¡se podía invertir en Bitcoin
por menos de un euro! En ese caso, puede valer la pena
la apuesta de invertir, por ejemplo, 500 dólares en algo
que puede tener un enorme potencial. Eso siempre es
mejor que poner 500 dólares en negro o en rojo en el
Casino....

El Bitcoin era todo un bombo en 2018. En ese momento
solo tenía potencial, pero no había un Valor tangible
detrás. Tampoco tenía un Caso de Uso sólido. Esto
último es que una tecnología tenga también
aplicaciones útiles en la práctica. Bitcoin sigue sin tener
valor en 2022. Apenas se puede utilizar en ningún sitio,
y el tipo de cambio todavía fluctúa demasiado, por lo
que no es un medio de pago válido. Esto hace que el
Bitcoin no sea una inversión inteligente en mi opinión.

Para mí, una inversión inteligente es una inversión en
algo tangible que realmente genera ingresos y sobre
todo beneficios. Piensa en los fondos inmobiliarios que
cosechan enormes beneficios cada mes gracias al dinero
del alquiler. O piense en las acciones de crecimiento de
las empresas populares emergentes. A medida que las

empresas crecen más y más cada año gracias a una base de clientes cada vez mayor, también generarán más y más ventas y beneficios. Esto hace que una empresa valga más. Cuanto mayor sea el potencial de crecimiento de una empresa, más valiosa será. Esto también se aplica a las industrias. Algunas industrias crecen más rápido que otras. Por lo tanto, invertir en mercados en crecimiento es una inversión muy lógica e inteligente. A menudo vemos este valor reflejado en el precio de las acciones. Entonces una acción es relativamente "cara". Pero si tiene suerte, encontrará acciones valiosas que tienen un precio relativamente "barato". Esta forma de invertir también se llama Value Investing.

¿Es seguro o no invertir en Bitcoin y criptodivisas?

Mientras tanto, las plataformas en las que se pueden comprar Bitcoins son cada vez mejores y más fáciles de usar. Un ejemplo de ello es Satos. Se trata de la plataforma de comercio de criptodivisas mejor valorada de Europa. Un avance muy importante es la protección. Las plataformas de comercio de 2022 tienen una seguridad mucho mejor que la que había en 2018 e incluso antes. En aquel entonces, había todo tipo de historias en los medios de comunicación sobre el robo de Bitcoins por parte de hackers. Afortunadamente, eso es cada vez más una cosa del pasado (y especialmente si eres un pequeño inversor). La seguridad es ahora comparable a la de las plataformas de inversión normales. Desgraciadamente, la realidad es que los Bitcoins tienen más probabilidades de ser hackeados que una cartera de inversión normal de acciones (que rara vez son hackeadas). Así que sí, se ha vuelto más seguro, pero todavía no es tan seguro como las inversiones "normales".

¿Cuándo es bueno invertir en criptomonedas?

Si hay que creer la realidad, se puede decir que es una buena idea invertir en cripto. Esto es especialmente el caso si usted es alguien que quiere obtener una exposición directa con respecto a la demanda real de este tipo de moneda.

Al mismo tiempo, la idea de comprar acciones expuestas a la moneda digital es mucho menos arriesgada. Puede que acabe teniendo menos beneficios, pero desde luego no hay que estar al pie del cañón porque sea extremadamente volátil.

Riesgos asociados a las criptomonedas

A la hora de hablar de los riesgos, hay varios. No nos limitemos a favorecer el cripto considerando que está libre de todo tipo de problemas. Por el contrario, hay algunos factores que deberías conocer bien antes de decidir si invertir o no en cripto.

Vulnerabilidad a los ciberataques

- Competencia feroz
- Posible reglamentación estricta en el futuro
- Vulnerabilidad a los ciberataques

A diferencia de los mercados de valores, las bolsas de criptomonedas son bastante vulnerables a los ciberataques. Como esta moneda es digital y completamente intangible, puede ser pirateada. Hay muchas posibilidades de que se convierta en el objetivo de todo tipo de actividades delictivas. Incluso algunos de los mayores inversores han sido presa de estos objetivos en el pasado.

Por lo tanto, han perdido una cantidad significativa de inversión debido a estos atacantes. Gran parte de su moneda digital fue robada porque hubo un fallo de seguridad a mitad de camino en un intercambio de criptomonedas.

Aunque el uso de técnicas para analizar el mercado de bitcoins hace que las cosas sean bastante seguras, todavía no se puede garantizar el 100% de los ingresos de sus inversiones.

Almacenar criptografía es un proceso bastante difícil. En comparación, poseer bonos se considera mucho más fácil. Esta vulnerabilidad de las monedas digitales ha disuadido a muchas personas de invertir en ellas.

Competencia feroz

La competencia en el campo de las criptomonedas es feroz. Aunque el riesgo es alto, la gente confía y compra en masa. La cadena de bloques (blockchain) respaldada por la industria crece cada día que pasa. Toda la infraestructura se basa en lo digital y el ecosistema de las criptomonedas está ganando mucho impulso.

Por lo tanto, cuando se trata de comprar cripto, es posible que se enfrente a una gran competencia. Su valor puede aumentar desde el momento en que decides comprarlo hasta el momento en que lo tienes en tus manos. Así que tomar decisiones rápidas y mantenerse en el camino es realmente necesario.

Posible reglamentación estricta en el futuro
Dado que los gobiernos y las instituciones internacionales son cada vez más conscientes de la importancia de la criptomoneda, existe la posibilidad de que se establezcan regulaciones estrictas para el sector en el futuro. Incluso los expertos del FMI han pedido un mejor nivel de regulación de la industria, lo que demuestra que esto podría ser posible en el futuro.

¿Invertir en criptografía como empresario?

La inversión en criptomonedas es cada vez más conocida entre los consumidores, pero las empresas también pueden acceder a la bolsa. Sin embargo, una organización debe cumplir otros requisitos y someterse a un estricto proceso de verificación. También hay que tener en cuenta que hay que pagar impuestos y que a veces hay que convertir los criptoactivos en euros, para poder determinar el balance correcto de ganancias o pérdidas. En este artículo, te explicaré cómo invertir en criptodivisas como negocio y cuáles son sus implicaciones.

Invertir en criptomonedas en 2022
Te gustaría invertir en criptomonedas con los activos de tu negocio. En este artículo te voy a contar cómo, pero empecemos por el principio. Qué invertir en cripto en 2022, es realmente inteligente?

Ahora mismo nos encontramos en una situación especial, porque en el mundo están ocurriendo todo tipo de cosas. Vivimos a un ritmo acelerado hacia un nuevo sistema financiero, hay mucha escasez en el mercado de las materias primas, estallan guerras y nuestro clima es cualquier cosa menos estable. Decir que es un caos es quedarse corto.

Los precios inconstantes en el mercado de las criptomonedas son, afortunadamente, bastante normales. Por algo lo llamamos un mercado "volátil";

las fluctuaciones brutas no son extrañas y para eso hay que estar preparado. En última instancia, cada caída o subida es una reacción a un evento o tendencia del mercado, lo cual es bastante lógico. No puedes beneficiarte de las subidas si no hay bajadas, así es como funciona.

La semana pasada también escribí un artículo sobre lo que puedes hacer con tu dinero en tiempos de incertidumbre y mi colega Christiaan escribió sobre cómo invertir tu riqueza en oro. El oro también va bien en tiempos en los que el dólar está cayendo.

Guarde sus monedas digitales de forma segura
Una vez que las has comprado, tus monedas están en el exchange. Ese no es un lugar seguro para almacenarlas, porque en caso de un hackeo o una caída, lo habrás perdido todo. Por supuesto, eso no es lo que quieres para los activos de tu negocio. Estas son las opciones que tienes:

Monedero alojado - Se trata de un monedero que a menudo ya está creado por el propio intercambio, cuando usted compra sus monedas. Por ejemplo, si compras Ethereum (ETH) a través de Bitvavo, tus fondos irán directamente a una cartera de este tipo. Esto es obviamente seguro, pero no es ni mucho menos la opción más segura;

Monedero de software - Un monedero de software es un entorno online en el que almacena sus criptomonedas. Se descarga este monedero en el ordenador o en una aplicación en el dispositivo. Tú eres el único que tiene estos datos de acceso, y no hay ningún tercero involucrado, pero sigue sin ser la opción más segura;

Monedero de hardware - Esta es una opción que yo mismo recomendaría. A través de un monedero de hardware, como el Ledger, te aseguras de que todo está realmente bajo tu control. Esto te ahorra la preocupación y evita que pierdas tus monedas en un hackeo o caída.

¿Cómo encontrar las monedas adecuadas?

Por favor, tenga en cuenta: esta es una nota lateral para facilitar su búsqueda de las monedas digitales adecuadas. No se trata de un asesoramiento financiero y no se trata en absoluto de decirle en qué debe invertir. Depende enteramente de usted decidir en qué invertir y cómo hacerlo. Haga su propia investigación.

Estas son las pautas para encontrar la opción de inversión adecuada para usted:

Utilice un intercambio fiable y seguro que se adapte a sus necesidades;
Disfruta del hecho de que con las criptomonedas, a menudo (nota: no siempre) puedes conseguir rendimientos que no puedes conseguir en absoluto con los ahorros;

Puedes optar por un número determinado de monedas o crear una cartera amplia. Te decantas por un poco de todo, te decantas específicamente por DeFi o te quedas con unas pocas altcoins?

Analiza detenidamente cuáles son tus opciones. ¿Va a comprar y a HODL, es decir, a ahorrar para el largo plazo? ¿Quiere comprar en una caída y vender en un pico? ¿Quiere atacar?

Algunas bolsas ofrecen a los empresarios bonificaciones especiales, ofertas de preventa u ofertas para que inviertan en criptografía cada vez más a menudo. Si esto le interesa, ¡aprovéchelo!

Benefíciese como empresa de las tendencias actuales de las criptomonedas
Como empresa, ¿quieres hacer algo más que invertir en las criptomonedas? Tal vez incluso quiera dirigir un negocio o un proyecto que se dedique por completo a esta industria. O quiere saber cómo pagar la menor cantidad de impuestos sobre sus criptoactivos, de manera legal, por supuesto.

La inversión empresarial en criptomonedas puede definitivamente valer la pena. Sí, hay que saber lo que se hace y sí, también hay que llevar buenos registros. Pero eso también ocurre sin las inversiones en cripto. Si utilizas un intercambio fiable, creas una cuenta de negocios y almacenas tus monedas digitales compradas de forma segura, esto puede darte un buen rendimiento.

Es bueno saber que además de invertir en criptomonedas, también se puede iniciar un negocio en el mundo de las criptomonedas. Piensa en hacer NFTs, asesorar a la gente o fundar un proyecto en la blockchain. Sea lo que sea que estés planeando, y sean cuales sean tus ambiciones, el mundo del cripto está a tus pies. ¡Te deseo la mejor de las suertes y la mejor de las diversiones!

Invertir en el tipo de cambio de Cardano en 2022

Una de las monedas que los expertos esperan mucho en los próximos años es la ADA en el tipo de cambio de Cardano. Aunque nadie puede predecir el curso de la criptodivisa, esto es por una razón. El equipo detrás de Cardano está trabajando duro para renovar y mejorar la red, lo que se refleja directamente en los precios. Por ejemplo, en marzo de 2020 la moneda sólo valía 0,03 dólares y vemos que en agosto de 2021 el ADA tenía un valor de 2,61 dólares. Los expertos esperan que el tipo de cambio de Cardano se mantenga tranquilo a principios de 2022 antes de experimentar una subida. Es sobre todo a más largo plazo, pensemos en 2023 a 2025, lo que hace interesante la inversión en Cardano.

¿Qué criptomoneda es prometedora?

El cripto se ha convertido en una sensación creciente en los últimos años; la velocidad a la que el cripto se ha convertido en una tendencia ha sido más rápida que la adopción de la propia Internet, y el final está lejos de estar a la vista. El cripto está de moda, el cripto es tendencia y se está invirtiendo mucho dinero en él. Por lo tanto, muchos inversores esperan positivamente la previsión de cripto para 2022, y encontrar las mejores monedas es cada vez más difícil. Cada vez surgen más criptomonedas pequeñas con potencial. También están surgiendo cada vez más bolsas y mercados de criptomonedas.

Para finales de 2025, se espera que haya unos mil millones de monederos Bitcoin en todo el mundo. Se espera que esta cifra siga aumentando debido al alcance global de Internet y a los numerosos países que están empezando a aceptar el Bitcoin como moneda de curso legal.

Nuevas criptomonedas 2022
Pero no solo crece el Bitcoin, sino también otras criptomonedas como Ethereum, cuya tendencia desde 2019 se ha desarrollado más rápidamente que la del Bitcoin. El crecimiento de las finanzas descentralizadas (DeFi) es aún más impresionante, ya que el número de usuarios se ha triplicado desde principios de 2021. Este mercado "arriesgado" ha atraído a más inversores, y a medida que 2021 llega a su último trimestre, los inversores buscan ahora las mejores inversiones en

criptografía en 2022. Qué moneda va a subir en 2022 depende principalmente de los proyectos que representa. Qué nuevas criptomonedas se impondrán en 2022 lo podemos ver a través de los ejemplos siguientes.

Criptoexpectativa 2022

Los mercados de criptomonedas son más volátiles que los mercados de valores, lo que hace que sea aún más importante como inversor estudiar bien las diferentes criptomonedas, y cuál es el plan a largo plazo de los proyectos que están detrás de la criptomoneda. En este capítulo, hablaremos de las 8 mejores criptomonedas 2022 fuera del Bitcoin, para que usted como inversor pueda hacer una elección meditada para su cartera de inversiones en 2022. No se limite a profundizar en el precio de las criptomonedas, sino que también el tipo de criptointercambio adecuado puede marcar una gran diferencia en su experiencia de inversión. Incluso si el pronóstico de cripto 2022 es positivo, asegúrese antes de invertir dinero. Manténgase actualizado con las últimas noticias sobre criptografía en sitios web como marketupdate.co.uk e intercambios como Binance.

Las mejores criptomonedas 2022 para invertir

Las siguientes criptomonedas son proyectos que están funcionando bien y de los que hay una gran expectativa para el cripto 2022. Especialmente para los inversores que buscan una inversión a largo plazo, estas criptomonedas son una buena opción para involucrarse más. No damos consejos financieros, pero compartimos esta información pasada sobre los resultados de los últimos meses, junto con el plan a más largo plazo para el proyecto. Sólo asegúrese de sumergirse a fondo en una criptomoneda antes de decidirse a invertir.

Litecoin como inversión para 2022

Además de las buenas noticias de Cardano, hay otras monedas en las que se puede invertir en 2022. Litecoin, por ejemplo, es una de ellas. Esta criptomoneda también es vista como la alternativa a Bitcoin. Esto se debe a que ambas operan en el mismo tipo de red, es decir, el blockchain. Una de las grandes ventajas de Litecoin es que ha demostrado ser una moneda muy sólida en el pasado (y en el presente). Esto hace que invertir en ella sea aún más interesante. Además, a diferencia de Bitcoin, la moneda no tiene que lidiar con altos costes de transacción. Esto podría favorecer a esta moneda alternativa en los próximos años. Por lo tanto, no deje de vigilar a Litecoin en 2022 y añada la moneda a su cartera de inversiones.

Invertir en XRP de Ripple en 2022

En conclusión, sin duda puede traer el beneficio necesario cuando se empieza a invertir en XRP de Ripple en 2022. Ripple es imposible imaginar el mundo criptográfico sin él. En los últimos años, esta criptomoneda se ha vuelto mucho más valiosa, lo que la convierte en una buena moneda para invertir en negocios. Aunque pocas personas destacadas en el mundo de las criptomonedas se atreven a hablar sobre ella, hay algunas empresas de trading que esperan que

Ripple duplique su valor respecto a 2021. Otros incluso esperan un valor aún mayor en el precio de Ripple. Nunca te guíes totalmente por este tipo de expectativas, sino que comprueba por ti mismo cuál es la mejor opción en términos de inversión en criptodivisas para tu negocio. Nadie puede predecir realmente el futuro de las criptomonedas como el tipo de cambio de Cardano.

Ethereum [ETH] 2022

Ethereum es una red blockchain descentralizada con su propia criptomoneda para pagar, la criptomoneda Ether (ETH). Ethereum es uno de los principales competidores por su funcionalidad de contratos inteligentes. Los contratos inteligentes son como los contratos en papel que se ejecutan cuando se cumplen todas las condiciones, pero sin un intermediario como un banco u otro intermediario. Varios desarrolladores están utilizando la red Ethereum para crear diversos proyectos, como intercambios descentralizados (DEX), tokens de seguridad (que pueden sustituir a los certificados de papel y otros productos financieros), tokens no sustituibles (NFT) que se utilizan para reemplazar el arte y otros artículos de valor, así como para crear nuevas criptodivisas por completo con el estándar de tokens ERC-20 de Ethereum.

Ethereum está cambiando su mecanismo de consenso a un Proof of Stake (PoS) de su mecanismo PoW con la actualización de ETH2.0. Los apostadores ahora pueden ofrecer su ETH como una inversión depositada para obtener ingresos pasivos adicionales. Esto no sólo supone un rendimiento adicional, sino que también es mejor para el medio ambiente. Después de todo, la minería a la antigua consume mucha energía.

¿Qué hace que Ethereum sea una buena inversión? Ethereum es la mayor red de blockchain para aplicaciones descentralizadas y tiene la segunda mayor capitalización de mercado, por detrás de Bitcoin.

Con aplicaciones descentralizadas y el estándar de tokens ERC-20, Ethereum ofrece muchas oportunidades para diferentes proyectos y es la principal opción para el desarrollo de nuevas criptomonedas.
Ether es la única moneda de la que se habla para superar al bitcoin a corto plazo, y todas las dApps, contratos inteligentes, tokens de seguridad, NFTs y muchos otros productos requieren que se ejecuten en la blockchain de ETH.

ETH ha mostrado una fuerte capacidad desde 2015, y sigue evolucionando para mejorar. Por ejemplo, está la actualización en curso de ETH2.0 que contribuye a un mecanismo de consenso PoS mucho más eficiente y rápido y al sistema de Shards. ETH sigue siendo una de las mejores criptomonedas 2022 .

El strike es un generador de ingresos adicionales (alrededor del 8% anual) para los inversores que quieran mantener ETH y obtener una rentabilidad adicional. En Binance puedes hacer strike de ETH y otras criptomonedas.

Polkadot [PUNTO] 2022

Polkadot es una red de blockchain propietaria que ha conectado diferentes blockchains que tienen diferentes funciones, para hacerlos trabajar juntos. Polkadot permite a los desarrolladores, al igual que Ethereum, construir apps y contratos inteligentes. Las cadenas de relevo de Polkadot permiten la comunicación de las dApps con otras redes de blockchain. Debido a la interoperabilidad de Polkadot, se ha convertido en un esfuerzo para transferir activos entre diferentes blockchains, y Polkadot tiene las velocidades de transacción potenciales más altas actualmente en la industria. El DOT no se puede estacar, pero se puede invertir en él a través de Bitvavo para la cripto 2022.

¿Qué hace que Polkadot sea una buena inversión?

Polkadot puede comunicarse con otras redes, incluida Ethereum. Polkadot tiene un número creciente de programadores, en un webinar Keith Bliss (Presidente Capital2Markets) habló de esto, "Polkadot es un competidor de Ethereum y muchos programadores lo usan porque es más seguro. Les permite construir sus propias blockchains".

Polkadot aborda la escalabilidad, uno de los principales problemas de la cadena de bloques. Las parachains de Polkadot reducen la congestión. Esta característica mejorada también lo convierte en una buena opción de inversión.

Vitalik Buterin, uno de los fundadores de Polkadot, también cofundó Ethereum, lo que le dio una base sólida y el apoyo de muchos inversores.

Cosmos [ATOM] 2022

Cosmos se considera un proyecto que resuelve algunos de los "problemas más difíciles" a los que se enfrenta la industria del blockchain. Pretende ofrecer un antídoto a los protocolos de prueba de trabajo "lentos, caros, no escalables y perjudiciales para el medio ambiente", como los que utiliza actualmente Bitcoin.

Otros objetivos del proyecto son hacer que la tecnología blockchain sea menos compleja y difícil para los desarrolladores gracias a un marco modular que desmitifica las aplicaciones descentralizadas. Por último, pero no menos importante, un protocolo de comunicación Inter Blockchain facilita que las redes de blockchain se comuniquen entre sí, evitando la fragmentación del sector. ATOM no se puede apostar, pero se puede invertir en él a través de Bitvavo.

¿Qué hace que Cosmos sea una buena inversión?

El staking es un generador de ingresos adicional con las monedas ATOM para los inversores que quieran mantener ATOM y obtener una rentabilidad adicional. En Binance, puedes hacer un strike de ATOM y otras criptomonedas.

Cosmos se describe como "Blockchain 3.0" - tiene el gran objetivo de asegurar que la infraestructura sea fácil de usar. Esto permite construir fácilmente una red utilizando piezas de código que ya existen. A largo plazo, se espera que esto facilite la producción de aplicaciones complejas.

La escalabilidad es otra de las prioridades, lo que significa que se pueden procesar muchas más transacciones por segundo que las cadenas de bloques más anticuadas como Bitcoin y Ethereum.

Polígono [MATIC] 2022
Polygon (antes Matic Network) es la primera plataforma bien estructurada y fácil de usar para el desarrollo de infraestructura y escalado de Ethereum. Su componente principal es el SDK de Polygon, un marco modular y flexible que permite construir múltiples tipos de aplicaciones.
Polygon transforma efectivamente a Ethereum en un sistema multicadena completo (también conocido como Internet de Blockchains). Este sistema multicadena es similar a otros sistemas como Polkadot, Cosmos, Avalanche, etc. Con las ventajas de la seguridad, el vibrante ecosistema y la apertura de Ethereum. MATIC no se puede apostar, pero se puede invertir en él a través de Bitvavo.

¿Qué hace que Polygon sea una buena inversión?
Puede pensar en la criptografía de Polygon como un tren expreso. Va por la misma vía que los demás trenes, pero corre más rápido y hace menos paradas en el

camino. En este ejemplo, la vía es Ethereum, donde Polygon realiza las transacciones más rápidamente que otras redes de criptomonedas.

La plataforma utiliza un consenso POS o proof-of-stake para asegurar la red y crear una nueva moneda.

Polygon presume de realizar hasta 65.000 transacciones por segundo en una sola cadena lateral, junto con un respetable tiempo de transacción de menos de dos segundos.

Algorand [ALGO] 2022

Algorand es una de las plataformas de código abierto más populares que utilizan la tecnología blockchain. Algorand, como red descentralizada, está construida intencionadamente para resolver los tres problemas acuciantes de la tecnología blockchain, a saber, la descentralización, la velocidad y la seguridad.

Algorand se utiliza para crear aplicaciones para activos digitales, identidad, valores, cadenas logísticas, infraestructuras, stablecoins, medio ambiente, gobierno/sector público, instituciones financieras, finanzas descentralizadas (DeFi), juegos y seguros.

¿Qué hace que Algorand sea una buena inversión?

Una de las aplicaciones construidas para la identidad FLEXFINTX ha sido de gran valor para ayudar a más de 400 millones de africanos a obtener una identidad digital.

Algorand está diseñado para tener unos costes de transacción más bajos, así como para no utilizar la minería (como el proceso de gran consumo de energía de Bitcoin), ya que se basa en el protocolo de blockchain de prueba de apuestas (PoS).

Los inversores pueden comprar la moneda Algorand ALGO a través de criptointercambios como Bitvavo, y es considerada una de las mejores criptomonedas 2022.

Enjin [ENJ] 2022

Enjin Coin es una criptomoneda blockchain dirigida exclusivamente a los jugadores. En 2017, la empresa Enjin, con sede en Singapur, lanzó esta moneda como un token compatible con ERC-20. Lo que esto significa es que puedes enviar y recibir ENJ utilizando una cartera de Ethereum. Mucho más interesante, sin embargo, es en qué se gasta ENJ. La mayoría de las criptodivisas se pueden utilizar para comprar algo. La ENJ tiene una utilidad única que forma parte del funcionamiento de la moneda. Los jugadores pueden usar ENJ para comprar NFTs en varios juegos. Los NFTs o tokens no reemplazables se utilizan para comprar contenido digital únicamente y son actualmente muy populares lo que se puede ver en el precio actual en Bitvavo.

¿Qué hace que Enjin sea una buena inversión?
Enjin Coin utiliza una serie de contratos inteligentes que los desarrolladores de juegos envían a ENJ para crear nuevos y únicos tokens ERC-1155 reemplazables o no reemplazables. Estos tokens pueden comercializarse en el Enjin Marketplace o canjearse por su ENJ de respaldo.

A medida que se acuñan más tokens personalizados, se retira más ENJ del ecosistema, haciéndolo más escaso.

El cofundador de Enjin, Witek Radomski, escribió el código de uno de los primeros tokens no fungibles (NFT) y es también el coautor del estándar de tokens ERC-1155 de Ethereum.

Con el creciente éxito de las NFT, es probable que Enjin experimente una alta apreciación de su precio y también se considera una de las mejores altcoins 2022.

Estrategias de beneficio a largo plazo

Las criptomonedas han tenido un comienzo de año difícil en medio de múltiples preocupaciones en el sector. La mayor preocupación es la Reserva Federal, que ha prometido actuar de forma más agresiva en su lucha contra la inflación. Las monedas también se han desplomado debido a los crecientes temores sobre las valoraciones en la industria de las criptodivisas.

Criptodivisas como Bitcoin, Ethereum, Ripple y Cardano han caído más de un 50% desde su punto más alto. En este artículo, destacaremos las diez mejores criptodivisas en las que invertir para obtener ganancias a largo plazo.

Bitcoin

Bitcoin es una criptomoneda líder iniciada en 2009 por Satoshi Nakamoto. La moneda se creó como una alternativa a las monedas fiduciarias como el dólar estadounidense y el euro. La diferencia es que sería de naturaleza descentralizada, lo que significa que ninguna entidad tendría mucho poder sobre ella.

En su punto álgido, el Bitcoin cotizaba a casi 70.000 dólares. Ahora se ha desplomado a unos 25.000 dólares, a medida que aumenta la preocupación por la Reserva Federal. Aun así, existe la posibilidad de que el precio de la moneda tenga un buen comportamiento en el futuro. A diferencia de otras monedas, es significativamente segura y la oferta está disminuyendo considerablemente.

Además, Bitcoin ha sido adoptado por algunas de las mayores entidades del mundo. Por ejemplo, Tesla posee Bitcoin por valor de más de mil millones de dólares. Asimismo, empresas como MicroStrategy y Square tienen Bitcoin en sus balances. Por lo tanto, es probable que el precio de Bitcoin sea una buena inversión a largo plazo.

Éter

Ether es el token original del ecosistema Ethereum. Ethereum es un blockchain líder que permite a los desarrolladores construir aplicaciones descentralizadas de alta calidad en todos los sectores. Es posible construir aplicaciones en áreas como las finanzas descentralizadas (DeFi), los tokens no reemplazables (NFT) y el metaverso.

Ethereum se ha convertido en un actor principal en estas industrias. Por ejemplo, se ha utilizado para crear aplicaciones como Axie Infinity, Aave, Curve Finance y Decentraland. Como se espera que la industria del blockchain siga creciendo, es probable que Ethereum siga desempeñando un papel importante.

Ethereum también es una buena inversión porque ha pasado de ser una red proof-of-work a proof-of-stake. Este cambio, combinado con la adopción de la tecnología de fragmentación, dará lugar a una mayor demanda. Por lo tanto, existe la posibilidad de que el precio de Ethereum siga haciéndolo bien.

ATOOM

ATOM es el token nativo del ecosistema Cosmos. Cosmos es una plataforma de blockchain líder que ayuda a conectar múltiples monedas. Según su sitio web, tiene cientos de tokens con un valor total de miles de millones. Al mismo tiempo, su SDK se utiliza para construir algunas de las principales plataformas de blockchain de la industria, como ThorChain y Osmosis. El precio de ATOM irá bien a medida que continúe el crecimiento del ecosistema.

El cajón de arena

El Sandbox es uno de los mayores metaversos de la industria. Es una plataforma que permite a las personas y a las empresas comprar bienes inmuebles virtuales en línea. También se ha convertido en una de las principales plataformas para el comercio de tokens virtuales no fungibles (NFT). Además, es un ecosistema de juego líder que permite a la gente jugar a juegos virtuales en torneos conocidos como Alpha. Es probable que el token SAND siga subiendo a largo plazo.

MKR

MKR es el token nativo del ecosistema Maker. Maker es una plataforma DeFi líder que permite a la gente pedir prestado y ahorrar en la red. Se diferencia de otras plataformas DeFi simplemente por su propia stablecoin conocida como Dai. Además, a diferencia de otras plataformas, utiliza su propio sistema de oráculo. Por lo tanto, existe la posibilidad de que el precio de MKR aumente a largo plazo, especialmente después del colapso del Protocolo de Anclaje.

LINK

LINK es otra criptomoneda popular que es una buena inversión a largo plazo. Es una plataforma líder que permite a los desarrolladores de blockchain simplificar su proceso de desarrollo. Lo hace ayudándoles a incorporar datos fuera de la cadena en la cadena.

Tiene la mayor cuota de mercado del sector y es utilizada por las principales plataformas DeFi, como Aave y Uniswap. Con su cuota de mercado y su fuerte crecimiento, hay posibilidades de que le vaya bien a largo plazo.

¿Llegará el bitcoin a los 100k en 2022?

La previsión del precio de Bitcoin para 2021 resultó ser un poco diferente para muchos inversores. Pero a pesar de las altas expectativas, Bitcoin siguió teniendo un buen rendimiento. Con una rentabilidad del 64% en 2021, Bitcoin dejó muy atrás a todos los demás activos de inversión. Muchos analistas, así como muchos inversores minoristas, habían esperado que el precio de Bitcoin alcanzara los 100.000 dólares a finales de 2021.

En realidad, los precios de las criptomonedas, incluyendo el de Bitcoin, se quedaron un poco atrás en este sentido. Qué tiene esto que ver y si Bitcoin todavía llegará a los 100K en 2022?

Los precios de las criptomonedas son difíciles de predecir, pero nos gustaría saber si invertir en Bitcoin sigue siendo inteligente y si 100K es una posibilidad. Para echarte una mano con esto, puedes mirar una serie de eventos y cambios. Hace tiempo, por supuesto, Bitcoin también fue concebido por una razón. El impulso fue la crisis financiera de 2008 y ahora, tantos años después, el sistema financiero parece estar en peor forma.

Alguien que no cree en Bitcoin probablemente tampoco invertirá. Pero si está interesado, tal vez después de leer este artículo, lo vea de otra manera. Lo que menciono son hechos, además de mi propia opinión. Ambos han surgido al hacer mi propia investigación. Por lo tanto, este artículo no pretende en absoluto ser un consejo de inversión. Con la información sólo trato de mostrarte si el Bitcoin puede llegar a ser importante en el futuro y cómo lo es.

Arena en el motor

A partir del 1 de enero de 2021, el precio de Bitcoin se duplicó de 25.500 dólares a 51.000 dólares en tres meses. No solo al Bitcoin le fue bien, por cierto, a otras criptoprecios como el Ethereum también les fue bien. Se habló mucho de ello y llovieron las predicciones. La expectativa del precio del Bitcoin para 2021 era para muchos: alcanzar el límite mágico de los 100.000 dólares. Uno de esos pronósticos era el Plan B.

Plan B es conocido por su modelo Stock-to-Flow (S2F). Así, ese modelo predijo 100.000 dólares para finales de 2021 y, con un modelo mejorado, incluso un precio de Bitcoin de 288.000 dólares para 2024. Aunque Plan B es un holandés muy conocido, permanece en el anonimato en los medios de comunicación. Con su modelo, mide la escasez de Bitcoin, por así decirlo. Para ello, divide la oferta actual (stock) de Bitcoin entre el número de Bitcoins producidos anualmente (flujo).

Y como la recompensa por minar se reduce a la mitad de media cada cuatro años, los Bitcoins llegan al mercado a un ritmo cada vez más lento. Si la demanda de la moneda sigue creciendo, una expectativa de precio de Bitcoin de 100K es muy posible a corto plazo. Sobre todo porque el número de Bitcoins está fijado en un máximo de 21 millones.

Por cierto, el modelo del Plan B se remonta a marzo de 2019 y duró hasta principios de diciembre de 2021. Para muchos, fue un shock que la predicción de repente dejara de ser cierta. ¿Seguirá el Bitcoin llegando a los 100K en 2022? Sí, según Plan B lo hará, dice que sigue confiando. El modelo sigue intacto a sus ojos. Aunque deberíamos empezar a ver signos de recuperación en los primeros meses de 2022.

Demasiado guiado por las predicciones
Por supuesto, su predicción del precio de Bitcoin no es errónea, por lo que es comprensible que la gente esté observando su modelo de cerca. Parecía sólo una cuestión de paciencia antes de que Bitcoin alcanzara los 100K.

Por supuesto, es habitual que se hagan predicciones, tanto positivas como negativas. Sólo que a usted le sirven de muy poco.

Aun así, su modelo, basado en la escasez, parece bastante creíble. Sólo que ¿qué hace a sus emociones, cuando el precio del Bitcoin ya no sigue el modelo?

En realidad, fue incluso peor; el Bitcoin ni siquiera llegó a los 50.000 dólares. En definitiva, una gran decepción que se convirtió en miedo.

Tras el último pico (por ahora) del 9 de noviembre de 2021, el precio del Bitcoin se encuentra actualmente en 18.000 dólares en el menos. Las noticias sobre la variante Omikron, así como la alta inflación y la crisis actual, parecen ser la causa de la caída del precio. Y qué decir de China, que prohíbe estrictamente las criptodivisas. Cuando reina la incertidumbre, se suele ver cómo se retira primero el dinero de las inversiones de riesgo.

La criptomoneda, por supuesto, es una de ellas. Por otro lado, cuando el dinero vale menos, la gente busca formas de protegerse contra él.

Más incertidumbre
Además del hecho de que la inflación es alta, lo que preocupa son precisamente los bajos tipos de interés. Normalmente, el BCE (Banco Europeo) puede influir en la inflación jugando con los tipos de interés. Lo único que pueden hacer ahora es lanzar el tipo de interés al alza, más bajo ya no es posible.

Pero en una crisis prefieren no hacer subir el tipo de interés. En el momento en que los tipos de interés suban, los préstamos serán más caros y se gastará menos dinero. Y la bajada de los tipos de interés más los miles de millones en paquetes de estímulo están precisamente destinados a mantener la economía en marcha.

La elevada inflación probablemente tampoco sea temporal y existe el riesgo de que aumente aún más. Esto significa que el dinero fiduciario vale cada vez menos y, mientras el ahorro no sea interesante, la gente seguirá buscando alternativas.

Puntos brillantes

La cantidad de dinero que se ha impreso recientemente es, por supuesto, una de las razones de la inflación. Según el economista Edin Mujagic, el pasado demuestra que imprimir dinero a gran escala nunca ha terminado bien. No cree que esta vez vaya a acabar bien. Edin creció en Yugoslavia y sostiene que la guerra de entonces fue causada en última instancia por la hiperinflación. Lo que más le preocupa son las similitudes que ve entre la antigua Yugoslavia y la situación financiera actual de los Países Bajos y Europa.

Esto no puede llamarse ciertamente un punto brillante y es seguro que la factura tendrá que ser pagada algún día. No me atrevo a decir qué significará exactamente para nosotros. Pero es bueno pensar en ello. No en vano, 2021 fue el año en el que muchos inversores institucionales decidieron empezar a invertir también en Bitcoin y otras criptodivisas.

Incluso países como El Salvador y Ucrania están almacenando Bitcoins. Por supuesto, las instituciones y los países no invertirían en Bitcoin si no creyeran en él. La principal razón por la que la gente invierte es porque el Bitcoin es escaso y quieren protegerse de la inflación. No es una locura pensar que el creciente interés y la aceptación de Bitcoin seguirán aumentando en las próximas décadas. Tal vez 100K para 2022 sea demasiado ambicioso, pero de que este límite se alcanzará estoy convencido.

Quiere entender mejor cómo se creó y funciona nuestro actual sistema monetario (o más bien ya no funciona).

Economía post covacha

Dos años de corona han tenido un claro impacto en la forma en que la gente gasta su dinero. Aunque el gasto total con tarjeta de crédito ha vuelto casi a los niveles de 2019 -con un descenso del -2%-, la distribución del gasto ha cambiado totalmente. En particular, se ha producido un gran aumento de las compras de artículos de segunda mano. Con un crecimiento del +144%, esta es la categoría de productos que más crece.

La categoría que más ha crecido en términos de gasto con tarjeta de crédito es la de servicios financieros. Esto se debe a las compras de criptomonedas, que aumentaron un +1.580%.

Sin embargo, el gasto en viajes y restaurantes aún no ha recuperado su nivel anterior. Esto es según ICS Credit Card Facts, un análisis realizado por ICS de los datos de las tarjetas de crédito en el período comprendido entre el primer trimestre de 2019 y el primer trimestre de 2022.

Los cambios en los datos dan una buena imagen del cambio en las decisiones de los consumidores en los últimos años. Los artículos de segunda mano se están comportando notablemente bien. La gente tuvo más tiempo para hacer cambios importantes en sus casas y poner a la venta artículos innecesarios debido a los cierres. Las criptomonedas también se compraron en abundancia durante los dos últimos años.

A la gente le sobraba el dinero que de otro modo habría gastado en vacaciones o en hostelería y tenía más tiempo para aprender los entresijos del comercio de criptomonedas. La tercera categoría en alza, la de "servicios digitales", creció un 41%. Esto se debió principalmente a un aumento del gasto en servicios de streaming.

Categorías que aún se están recuperando
También hay categorías que tradicionalmente han funcionado bien, pero que aún no han recuperado sus niveles anteriores. Por ejemplo, vemos que la categoría "Comida y bebida" sigue teniendo un rendimiento un 17% inferior al de hace dos años. Esto se debe principalmente a un descenso del gasto en restaurantes, ya que todavía estábamos en cierre durante gran parte de enero. El gasto allí es, en el primer trimestre de 2022, un 27% inferior al del mismo periodo de 2019. El gasto en el reparto de comida sí que ha subido mucho, un 355%. En viajes, vemos el mismo panorama con un descenso del 11%. Sin embargo, el gasto reciente con tarjeta de crédito sí muestra la recuperación del sector de los viajes. El gasto en el primer trimestre de este año es un 312% superior al del primer trimestre de 2021. El entretenimiento desciende un -9%, sobre todo por el gasto en cine y teatro, que es de un -13%.

Mucho gasto con tarjeta de crédito en Austria e Islandia

Se examinaron las tendencias del gasto con tarjeta de crédito en 50 países de todo el mundo. El país que más ha aumentado el gasto en hoteles en el primer trimestre de 2022, en comparación con el mismo trimestre del año anterior, es Austria, con un 4.260%. En el número dos se encuentra Islandia con un +2380% y en el tercer lugar Noruega con un +1279%. Debería ser obvio que el crecimiento del gasto en los hoteles austriacos se debe a los turistas que pudieron volver a las pistas de esquí y al après-ski austriaco este año. El creciente gasto en los peajes está sin duda relacionado también con el aumento de los aficionados a los deportes de invierno. Con las restricciones de viaje a países fuera de Europa, los destinos "especiales" dentro de Europa -como Islandia y Noruega- pueden haber ganado popularidad.

Aumento del fraude

Con la llegada de Corona y el rápido aumento de las compras en línea, también aumentó la proporción de tiendas web fraudulentas. Glenn Mac Donald, CCO de ICS: "Hemos tenido años turbulentos y esto se refleja claramente en nuestros datos sobre el fraude. ICS vigila continuamente si los sitios son potencialmente fraudulentos y actúa con rapidez. Por eso retiramos unos 350 sitios web del servicio en el último trimestre y sustituimos preventivamente casi 5.000 tarjetas". Al pagar con una tarjeta de crédito, la protección y el seguro de compra suelen garantizar que los consumidores recuperen su dinero incluso en caso de fraude". Y continúa: "También vemos muy claramente en nuestros datos que la transición digital se ha acelerado enormemente. La gente a menudo tenía que hacer sus compras en línea debido a los bloqueos y continuaba haciéndolo. Como resultado, en comparación con 2019, las compras en línea aumentaron un 34%, pero el gasto fuera de línea disminuyó un 23%. En posteriores análisis de Credit Card Facts, vamos a ver hasta qué punto las compras offline van a seguir recuperándose o si la transición digital está resultando permanente en determinadas categorías."

¿Cómo debería empezar a invertir en criptodivisas?

Un requisito previo para el éxito es alcanzar un objetivo. No empieces con la criptomoneda como un pollo sin cabeza. Empiece con un objetivo. ¿Por qué quiere empezar con la criptodivisa? ¿Cuál es su objetivo de inversión? Por experiencia, me gustaría darle el consejo de pensar siempre a largo plazo.

Por ejemplo, establece un objetivo concreto: dentro de [xx años], quiero tener x cantidad de dinero en activos gracias a la inversión.

Se trata de un objetivo global para invertir. Empezar a invertir en criptomonedas debería ser una parte de esto. Los inversionistas exitosos difunden sus oportunidades. Entienda que las criptomonedas son extremadamente arriesgadas. Usted no quiere poner todo su dinero en un solo caballo. Ni siquiera si éste es un caballo muy rápido (con tobillos frágiles). Porque así es como funciona la inversión en cripto
Estimado inversor a largo plazo, aquí puede leer todo sobre la inversión en cripto. Desde invertir en cripto para principiantes hasta las mejores aplicaciones de cripto. Incluyendo un extenso tutorial (explicación) sobre cómo invertir en línea en.
La empresa puede subir rápidamente, pero también caer con fuerza.

Si se me permite dar un consejo/guía, es no poner más del 10% del total de tus activos de inversión en cripto.

Puede que esto no sea lo que quieras leer. Pero quiero protegerte de grandes pérdidas de dinero. Especialmente como un inversor novato, usted puede ir enorme en su suerte con cryptocurrency. El propósito de este artículo es enseñarte cómo empezar a invertir con éxito en criptomonedas. No es cómo hacerse rico rápidamente o pobre rápidamente....

Los inversores de éxito reparten las oportunidades para alcanzar el objetivo de inversión. Invertir en otros activos además de las criptomonedas. Volveré sobre esto más adelante 😊 .

Por lo tanto, dentro de su objetivo general, necesita saber cómo va a contribuir a él la criptoinversión.

¿Empezar a invertir en criptomonedas tú mismo o externalizar el proceso?

Empezar con la criptomoneda es arriesgado. Sin embargo, puede ser lucrativo invertir una pequeña parte en ella. Al fin y al cabo, un alto riesgo también puede dar lugar a un rendimiento potencialmente alto.

La pregunta es: ¿cómo quieres empezar a invertir en cripto? Básicamente, tienes dos opciones: empezar a invertir tú mismo o dejar que otros lo hagan.

En general, con su propio esfuerzo, puede obtener potencialmente mayores rendimientos. Esto sólo es cierto si se tienen los conocimientos y habilidades adecuados. Y puesto que empezar con las criptomonedas es bastante arriesgado, no es desaconsejable subcontratarlas. Esto ofrece una serie de ventajas, como que no se necesita tiempo ni conocimientos para ello. La desventaja es que tiene un coste. La cuestión es si le saldrá mejor la cuenta de resultados (rendimiento - coste) si lo hace usted mismo.

Si quieres iniciarte en la criptomoneda y prefieres subcontratarla (lo que, francamente, puede ser acertado).

Comience con la diversificación y la investigación: arme una cartera de inversiones en criptomonedas

Los inversores de éxito no sólo optan por la diversificación. También investigan mucho sobre las mejores inversiones. Especialmente con las acciones individuales y las criptomonedas, su éxito depende de la investigación. Sólo quieres invertir en las mejores criptomonedas, ¿verdad? Con las acciones, esto es más fácil: puedes analizar las empresas para el crecimiento futuro (en beneficios). Con las criptomonedas, esto no es posible. Sin embargo, puedes mirar el potencial futuro.

Lo ha adivinado: el potencial futuro también significa que este potencial puede no alcanzarse. Es más incierto que con las acciones. Las acciones son de empresas físicas que obtienen beneficios (o pérdidas). Las criptomonedas son (por ahora) sobre todo ideas o conceptos. Por eso empezar con las criptodivisas es tan arriesgado.

¿La solución? Armar una cartera de inversiones en criptomonedas. En el contexto de la diversificación del riesgo, dicha cartera debería estar formada por al menos las 15 criptomonedas más populares. E idealmente las 30 principales.

Comience con la diversificación y la investigación: construya una cartera de inversiones en criptomonedas

Los inversores de éxito no sólo optan por la diversificación. También investigan mucho sobre las mejores inversiones. Especialmente con las acciones individuales y las criptomonedas, su éxito depende de la investigación. Sólo quieres invertir en las mejores criptomonedas, ¿verdad? Con las acciones, esto es más fácil: puedes analizar las empresas para el crecimiento futuro (en beneficios). Con las criptomonedas, esto no es posible. Sin embargo, puedes mirar el potencial futuro.

Lo ha adivinado: el potencial futuro también significa que este potencial puede no alcanzarse. Es más incierto que con las acciones. Las acciones son de empresas físicas que obtienen beneficios (o pérdidas). Las criptomonedas son (por ahora) sobre todo ideas o conceptos. Por eso empezar con las criptodivisas es tan arriesgado.

¿La solución? Armar una cartera de inversiones en criptomonedas. En el contexto de la diversificación del riesgo, dicha cartera debería estar formada por al menos las 15 criptomonedas más populares. E idealmente las 30 principales.

Sin duda, la diversificación disminuye el rendimiento potencial. Supongamos que invierte 1000 dólares en la mejor criptomoneda. Puede que entonces consigas una rentabilidad de +500% (es decir, x6). Pero por lo mismo sale mal y pierdes todo tu dinero.

¿No es mejor repartir 1000 dólares en 30 criptomonedas? Entonces podrías obtener un rendimiento menor de, digamos, +100% (a largo plazo). Pero el potencial de pérdidas también es menor. Al fin y al cabo, si una de las 30 monedas tiene un rendimiento excelente de x30, esto da 33,3$ x 30 = 999$ de rendimiento.

La probabilidad de obtener rendimientos positivos aumenta con la diversificación a través de una cartera de criptomonedas.

¿Quiere empezar con éxito a invertir en criptodivisas? Nuestro consejo es que elija una cartera de criptomonedas. Aumente sus posibilidades de obtener beneficios y disminuya las posibilidades de perder dinero.

Comience con un pequeño depósito mensual

¿Desea obtener grandes beneficios con las criptomonedas? La mejor manera es comprar barato y vender caro. Esto significa un comercio activo de criptomonedas en el que se vende en los picos y se compra en los descensos. El gráfico anterior muestra cómo hacerlo.

En un gráfico parece fácil. Entonces, ¿por qué tantos inversores en criptografía pierden dinero? Porque somos criaturas emocionales. El mercado de las criptomonedas es emocionante y volátil. Todo el mundo está esperando el próximo bombo. Y una vez que eso ocurre, parece que el cielo es el límite. En el día a día, es difícil actuar racionalmente.

Consejo: ¿Quiere vender alto y comprar bajo? Apague sus emociones y trabaje con órdenes limitadas automáticas. Da un paso atrás y observa el mercado a "nivel mensual", en lugar de a "nivel diario".

Esto requiere conocimiento y habilidad. Esto no es adecuado para empezar con la criptomoneda. Puede haber una estrategia mejor para los principiantes.

Como principiante, puede lograr más éxito con la siguiente estrategia:

Invierte sólo con el dinero que te sobra
Invierte una pequeña cantidad cada mes en tu cartera de criptomonedas.

Hazlo durante varios años consecutivos (si crees en la criptomoneda)

Compre más cuando el mercado de criptomonedas caiga bruscamente (por ejemplo, -30% o incluso -70%).

Venda una parte de su depósito en los picos grandes (por ejemplo, en +50% o +100%). Reserve esta cantidad y apueste según el paso 2 y/o el paso 4.
O bien cobra el beneficio y ponlo en tu cuenta de ahorros o en inversiones de menor riesgo.

Por supuesto, es mejor comprar sólo en las grandes caídas. Pero hay muchos factores (emocionales) que te llevan a cometer errores en el market timing. Con un depósito mensual se apunta a un precio medio de compra del mercado. Si el mercado sube a largo plazo, obtendrá beneficios.

Lo que nunca se debe hacer es comprar sólo a bombo y platillo.

¿Sabías que invirtiendo sólo 100 dólares al mes en criptografía puedes obtener 373.960 dólares de riqueza en 30 años?

Trabaja en tus conocimientos y habilidades para invertir con éxito en criptografía

Has creado una cuenta y has reunido una cartera de criptomonedas. Empiezas con un depósito mensual. En caso de una gran caída del mercado, compras un poco más. Genial: este es un comienzo exitoso para invertir en criptodivisas. ¿Cómo proceder?

El conocimiento es poder.

Los inversores de éxito invierten en activos que saben que darán beneficios en el futuro. Invertir tiene riesgos. Por eso, saber nunca es una certeza del 100%, sino una alta probabilidad de acercarse al 100%.

El siguiente paso para iniciarse con éxito en la criptomoneda es trabajar en sus conocimientos y habilidades. Conozca el mercado. Adquiera experiencia. Investigue las posibles criptomonedas. Un sitio web útil para esto es coinmarketcap.com. Y así puedes encontrar mucha información en Internet. También puedes hacer contactos y visitar eventos de criptomonedas.

Quién sabe, tal vez te vuelvas muy experimentado. Quién sabe, tal vez pronto seas capaz de localizar criptomonedas potencialmente útiles. Cuanto más avanzado seas, mayores serán tus posibilidades de ganar.

Una habilidad útil en la criptomoneda es el aprendizaje del day trading.

Con las acciones y los ETF, prefiero comprar y mantener. Esto significa mantener a largo plazo. En criptografía, esto se llama HODL. Creo que HODL funciona con las criptomonedas más populares y potenciales. Pero con las criptomonedas más pequeñas, probablemente no sea el caso porque gran parte de ellas son "aire caliente". La compra y venta a corto plazo puede funcionar mejor con las criptodivisas.

Los operadores del día con experiencia pueden ganar mucho dinero
¿Ganar más dinero? Muchos caminos llevan a Roma, pero sólo un puñado de ideas son la mejor manera de ganar dinero extra. Ganar dinero rápida y fácilmente desde casa, o desde el empleo. Es posible. I...
 Con las criptomonedas. Esto se debe a que el mercado de criptomonedas es muy volátil. A nivel diario, hay grandes picos y valles (por ejemplo, el 10%). Yo mismo no soy un day trader. De hecho, tengo aversión a ello. Pero eso no significa que pueda ser para ti.

Conviértase en un inversor de éxito

Ahora ya sabes cómo empezar con la criptomoneda. Probablemente de forma exitosa. ¿Está listo para dar un paso más? ¿Quiere convertirse en un inversor de éxito?

¿Quiere un éxito financiero sostenible?

A continuación, establezca una cartera de inversiones diversificada a largo plazo. Esta puede consistir en varias inversiones en (no limitadas a):

- Fondos cotizados (ETF) y/o fondos de inversión
- Fondos inmobiliarios y de propiedad

- Préstamos como bonos, crowdfunding y P2P Lending

Acciones (de dividendos)

Hay (¿demasiadas?) oportunidades para empezar. Tal vez puedas empezar con inversiones de menor riesgo además de las criptomonedas. Puedes leer ejemplos en este artículo sobre cómo invertir con rendimientos fijos. Este tipo de inversiones le dan más estabilidad

¿Cuánto debería invertir mensualmente en Crypto y Bitcoin para obtener beneficios?

Hoy en día, invertir en criptomonedas por cuenta propia es sencillo. Ahora hay partes fiables con costes de transacción aceptables. Además, le permiten crear una cuenta gratuita y transferir fácilmente el dinero dentro y fuera con cripto y tarjetas de crédito. Piensa en plataformas de criptomonedas como Coinbase, Binance y Bitfinex.

Sin embargo, conseguir los mejores resultados invirtiendo en criptomonedas por sí mismo es una historia completamente diferente. Esto requiere conocimientos, tiempo y una buena estrategia de inversión. Muchas personas que invierten en criptomonedas por sí mismas pierden dinero. Aquí es mejor elegir un término medio, como una cartera de criptomonedas o tener expertos que inviertan. Recuerda bien que cualquiera puede invertir cuando el mercado está subiendo. ¿Qué haces cuando tu dinero se evapora en un -50%?

Riesgo y rentabilidad al invertir en cripto y bitcoin mensualmente

Invertir tiene grandes riesgos. Las pérdidas de dinero son habituales. Para tener éxito, la diversificación del riesgo es una necesidad absoluta. También es necesario invertir a largo plazo e investigar mucho.

Sobre la cuestión de cuánto invertir mensualmente en cripto y Bitcoin, debemos considerar el riesgo y el rendimiento.

En el mercado de valores, se habla de una rentabilidad media anual del 8 - 10% al año. Esto es a largo plazo, entre 20 y 30 años. Un año puede ser +30%. El otro año -20%. Al igual que con las criptomonedas y el Bitcoin, también se puede invertir con más riesgo con las acciones. Así, los mejores inversores del mundo consiguen una rentabilidad media anual de >25%.

Con las criptomonedas y el Bitcoin, para mí es incierto cuál podría ser el rendimiento medio anual. El mercado es todavía demasiado joven para eso. Con Bitcoin, un año es -80%, y el siguiente es +500%. La volatilidad es extrema. Y eso crea oportunidades.

Para dar una respuesta sensata a cuánto queremos invertir en criptomonedas cada mes, tenemos que hacer suposiciones. A continuación puedes leer cuáles son. Luego vamos a ver los cálculos concretos como respuesta a nuestra pregunta.

Supuesto de rentabilidad media anual en Bitcoin y criptomonedas

Para determinar cuánto invertir mensualmente en cripto y Bitcoin, tenemos que hacer suposiciones. Yo soy optimista, aunque no creo tanto en el Bitcoin (pero sí en el blockchain

A largo plazo, de 20 a 30 años, la demanda de cripto y Bitcoin aumentará.

La hipótesis es un 15% de rendimiento medio al año con una cartera de criptomonedas diversificada (al menos las 30 monedas más importantes)

Esto se puede conseguir con una inversión activa: comprar en las caídas y vender con frecuencia en los picos.

Una media del 15% anual es alta. Creo que esto es realista con una inversión más activa. Al hacerlo, es necesario construir una cartera de criptografía.

A largo plazo, de 20 a 30 años, la demanda de cripto y Bitcoin aumentará.

El supuesto es un 15% de rendimiento medio al año con una cartera de criptomonedas diversificada (al menos las 30 monedas más importantes)

Esto se puede conseguir con una inversión activa: comprar en las caídas y vender con frecuencia en los picos.

Una media del 15% anual es alta. Creo que esto es realista con una inversión más activa. Al hacerlo, es necesario construir una cartera de criptografía.

Con Bitcoin y las criptomonedas, estos picos y valles son mucho más extremos. Y por eso creo que el 15% es realista para un criptoinversor avanzado.

Un punto de partida importante es que no corras demasiado riesgo. Personalmente, pienso en un máximo del 10% de tus activos totales invertidos mensualmente en cripto y Bitcoin. Más o menos también es posible. Es completamente su riesgo y darse cuenta de que puede perder mucho dinero.

Por último, las criptomonedas y el Bitcoin no son (todavía) una inversión pasiva. Aprovecha la volatilidad de los precios. Hazlo vendiendo alto y comprando bajo. Utiliza órdenes limitadas para automatizar y evitar decisiones emocionales.

Ahora viene la parte divertida: ¿cuánto cuesta invertir mensualmente en criptomonedas y Bitcoin por 100K hasta incluso 1 millón?

¿Cuánto deberías invertir cada mes en cripto y Bitcoin por 100.000 dólares?

El pensamiento de escenario es necesario cuando se enfrenta a un futuro incierto. La inversión mensual en cripto y Bitcoin es extremadamente incierta. Nuestro punto de partida es un 15% de rentabilidad media anual. Esto es una suposición. Pero usted cree en las criptomonedas y el Bitcoin, y por eso decide invertir en ellas mensualmente. Usted da por sentado el riesgo. Inviertes sólo con dinero que puedes perder al 100%.

Veamos tres escenarios:

Peor escenario: -10% de rendimiento medio anual durante 20 años

Escenario más probable: 15% de rendimiento medio anual durante 20 años
En el mejor de los casos: 20% de rendimiento medio anual durante 20 años
En este artículo seguimos utilizando estos escenarios. No se incluye el peor de los casos, aunque es un escenario realista. Como más probable, tomamos nuestra hipótesis del 15%.

Dada la incertidumbre, es necesario utilizar una estrategia de inversión activa en la que principalmente "compre la caída" (compre a la baja). Y, en el mejor de los casos, vender a lo alto de vez en cuando para convertir parte de los beneficios en efectivo para la siguiente caída.

¿Cuánto se invierte mensualmente en cripto y Bitcoin para 100.000 dólares en 20 años?

Respuesta: 100 - 150 dólares al mes.

Con una pequeña cantidad de dinero, podrías construir una gran fortuna. Esto se debe a que la rentabilidad se sitúa en el 15%, que es muy alta. Estamos siendo optimistas. ¿Demasiado optimista? El tiempo lo dirá. (Aunque el 15% es considerablemente inferior a los últimos cinco años).

Pero aún así. Incluso con las acciones, se puede construir una gran fortuna con una pequeña cantidad de dinero. Ese es el poder de los rendimientos a largo plazo.

¿Cuánto deberías invertir cada mes en cripto y Bitcoin por 250.000 dólares?

Seamos más ambiciosos y apuntemos a una cantidad mayor. Cuánta inversión mensual en cripto y Bitcoin para 250.000 dólares en 20 años?

Respuesta: 300 - 350 dólares al mes

Tenga en cuenta que con un depósito mayor probablemente superará el 10%. Suponga que quiere invertir 500 dólares mensuales. Con un máximo del 10% invirtiendo en criptomonedas, eso es "sólo" 50 dólares al mes. De nuevo, personalmente no iría más allá del 10%. Entienda bien que viene con enormes riesgos.

¿Cuánto deberías invertir cada mes en cripto y Bitcoin para conseguir 1 millón de dólares?

Veamos un escenario más para desaprender. ¿Cuánto se invierte mensualmente en cripto y Bitcoin por 1 millón de euros? Esto parece una cantidad asombrosa de dinero. Sin embargo, la verdad es que cualquiera puede lograrlo. ¡Incluso con rendimientos del 8%!

Sin embargo, hay dos condiciones. La primera es invertir a largo plazo. Llegar a ser millonario en 20 años es factible pero difícil. En 30 años es más fácil (véase el gráfico siguiente). En segundo lugar, tendrás que poner mucho dinero cada mes. Sólo debería hacerlo si puede fallar al 100%. También puede salir mal.

Si yo puedo hacerlo, tú también puedes. (Sobre todo porque no soy un superinversor)

Entonces: ¿cuánto cuesta invertir mensualmente en cripto y bitcoin por 1 millón de euros dentro de 20 años?

Respuesta: 1300 - 1500 dólares al mes

Importante: con una rentabilidad del 10% y un depósito mensual de 1.000 dólares también tendrás 1 millón después de 30 años. El 10% de rentabilidad es más realista que el 15%. Esto se puede conseguir con una cartera de inversiones diversificada en acciones, ETFs, bienes raíces y alternativas. Esto reduce significativamente el riesgo. En otras palabras, ¡la seguridad hasta el millón aumenta!

www.ingramcontent.com/pod-product-compliance
Lightning Source LLC
Chambersburg PA
CBHW071206130726
47998CB00002B/643